Informatik-Fachberichte 239

Herausgeber: W. Brauer
im Auftrag der Gesellschaft für Informatik (GI)

Subreihe Künstliche Intelligenz

Mitherausgeber: C. Freksa
in Zusammenarbeit mit dem Fachbereich 1
„Künstliche Intelligenz" der GI

K. Kansy P. Wißkirchen (Hrsg.)

Graphik und KI

GI-Fachgespräch
Königswinter, 3./4. April 1990

Proceedings

Springer-Verlag
Berlin Heidelberg New York
London Paris Tokyo Hong Kong

Herausgeber

Klaus Kansy
Peter Wißkirchen
Gesellschaft für Mathematik und Datenverarbeitung mbH
Schloß Birlinghoven, Postfach 1240, D-5205 Sankt Augustin 1

GI-Fachgespräch „Graphik und KI"
Königswinter, 3. und 4. April 1990

Veranstalter

Gesellschaft für Informatik e.V. (GI),
  Fachgruppe 4.1.1 Graphische Systeme
  Fachgruppe 4.1.3 Graphische Benutzungsoberflächen
  Fachausschuß 1.5 Expertensysteme
Gesellschaft für Mathematik und Datenverarbeitung mbH (GMD),
Sankt Augustin

Tagungsleitung

Dr. P. Wißkirchen (GMD, Sankt Augustin)

Programmkomitee

Dr. Th. Christaller (GMD, Sankt Augustin)
Prof. Dr. H. Hagen (Universität Kaiserslautern)
Dr. H.-W. Hein (Universität Dortmund)
Dr. K. Kansy (GMD, Sankt Augustin)
Dr. R. Lutze (TA, Nürnberg)
Dr. J. Röhrich (FhG-IITB, Karlsruhe)
Dr. D. Roller (Hewlett Packard, Böblingen)
Prof. Dr. W. Wahlster (Universität des Saarlandes und DFKI,
Saarbrücken)

CR Subject Classifications: I.2-3

ISBN 3-540-52503-3 Springer-Verlag Berlin Heidelberg New York
ISBN 0-387-52503-3 Springer-Verlag New York Berlin Heidelberg

Druck- u. Bindearbeiten: Weihert-Druck GmbH, Darmstadt
2145/3140-543210 – Gedruckt auf säurefreiem Papier

Vorwort

Der vorliegende Tagungsband enthält die schriftliche Fassung der Vorträge des GI-Fachgesprächs „Graphik und KI", das am 3. und 4. April 1990 in Königswinter stattfindet.

Die Graphische Datenverarbeitung hat sich in den letzten Jahren von einer Spezialdisziplin für inhärent graphische Anwendungen wie CAD und Kartographie zu einer Basistechnik entwickelt für Anwendungen, bei denen komplexe Zusammenhänge visualisiert und umfangreiches Informationsmaterial dargestellt werden muß.

„Ein Bild sagt mehr als tausend Worte" gilt aber nur, wenn angemessene Darstellungs- und Manipulationsformen gefunden werden. Je komplexer der darzustellende Gegenstandsbereich, um so schwieriger ist das Generieren einer angemessenen Darstellung. Dazu sind sehr leistungsfähige Werkzeuge und Unterstützungssysteme erforderlich.

Die Künstliche Intelligenz stellt die notwendigen wissensbasierten Techniken bereit, die es zum Beispiel gestatten, geeignete graphische Darstellungsformen auszuwählen und deren Parameter sinnvoll einzustellen oder eine Darstellung automatisch zu generieren und nach inhaltlichen und ästhetischen Gesichtspunkten zu optimieren.

Umgekehrt ist die Künstliche Intelligenz ein Gebiet, in dem komplexe Modelle entwickelt und vielfältige Manipulationstechniken eingesetzt werden. Der Zustand der Modelle und die Effekte der Operationen sind nur schwer zu überblicken und müssen dem Anwender angemessen veranschaulicht werden. Graphische Techniken kann man hier einsetzen, um umfangreiche Wissensbasen überschaubar, komplexe Operationen verständlich und ein großes System damit kontrollierbar zu machen. Die Beiträge in diesem Buch zeigen die vielfältigen Bezüge zwischen den beiden Gebieten.

Die ersten drei Artikel beschäftigen sich mit intelligenten graphischen Oberflächen. Formale Repräsentationsformalismen können die Realität nur sehr eingeschränkt wiedergeben. Strothotte und Schmid schlagen in ihrem Beitrag vor, an der Benutzungsoberfläche semiformale Repräsentationen zu verwenden. Darunter verstehen sie Bilder, die um Piktogramme ergänzt werden. Bilder beschreiben als Abbild der Realität den Gesamtkontext, entziehen sich aber einer formalen Verarbeitung. Piktogramme erlauben es, eine Meldung zu verbalisieren, die vom System verstanden und weiterverarbeitet werden kann.

Zimmermann beschreibt eine bildorientierte Benutzungsoberfläche und die damit verbundenen Interaktionstechniken. Das System wird in einem Projekt zur Manipulation visueller und sprachlicher Szenenbeschreibungen eingesetzt.

Schröder-Bücher und Giger stellen einen intelligenten Graphikeditor vor, der die Manipulation einer Graphik sowohl auf der graphischen Ebene als auch mittels einer deklarativen Beschreibung der Graphik erlaubt, die beide gleichzeitig auf der Benutzungsoberfläche für Manipulationen zur Verfügung stehen.

Ein zweiter Schwerpunkt des Buches ist die wissensbasierte Präsentation von Informationen. André und Rist beschäftigen sich in ihrem Papier mit der selbständigen Erzeugung illustrierter Dokumente. Mit textlinguistischen Methoden werden die Beziehungen zwischen Text und Graphik beschrieben, um die integrierte Erzeugung von Text und Bild planen zu können.

Bei der automatischen Erzeugung von 3D-Darstellungen gibt es einen Aspekt, der bisher wenig beachtet wurde, der aber für die Qualität der Darstellung entscheidend sein kann: die Wahl der geeigneten Perspektive. Im Beitrag von Rist und André werden Perspektiven klassifiziert und Regeln für ihre Auswahl angegeben.

Kerner, Redmiles und Kracker stellen ein Visualisierungswerkzeug vor, mit dem selektierte Objekte aus einer objektorientierten Datenbank in einer Form präsentiert werden, die sowohl die Art der konkreten Anfrage als auch die spezifischen Dateninhalte berücksichtigt.

Der dritte Teil des Buches behandelt Probleme beim automatischen Generieren von Graphiken. Beim wissensbasierten Generieren von Graphiken muß man, ausgehend von einer abstrakten symbolischen Beschreibung der intendierten Graphik, eine Darstellung durch Koordinatenwerte erzeugen, um eine konkrete Graphik zeichnen zu können. Bolz und Wittur berichten über Erfahrungen mit einem Algorithmus, der diese Transformation leistet.

Möller und Haarslev beschäftigen sich mit der Visualisierung zweidimensionaler Objekte auf struktureller und konzeptioneller Ebene. Sie stellen einen Ansatz zur Layoutspezifikation vor, der es gestattet, angemessene graphische Repräsentationen zu definieren und auf einer zweidimensionalen Fläche anzuordnen.

Abschließend wird anhand von drei Anwendungsbeispielen beschrieben, inwieweit dort graphische Methoden und KI-Techniken eingesetzt werden. Der Beitrag von Roller behandelt die Repräsentation von strukturellem und semantischem Wissen über Bauelemente im CAD, das zur wissensbasierten Unterstützung des Konstrukteurs bei der Erstellung und der Modifikation von Plänen dienen soll.

Zinser schildert die Konzeption und Entwicklung eines graphischen Expertensystems zur Unterstützung der Operateure in Leitständen von großtechnischen Anlagen wie z.B. Kraftwerken.

Freund und Heck beschreiben eine graphische Unterstützung bei der Programmierung von Robotern und die graphische Simulation von Bewegungsprogrammen.

Bei der Vorbereitung und Durchführung einer Tagung ist die Zusammenarbeit vieler notwendig, um ein gutes Programm zusammenzustellen und das Gelingen der Tagung zu sichern. Für die Mithilfe bei der Gestaltung und Organisation des GI-Fachgesprächs **Graphik und KI** gilt unser besonderer Dank

- den Vortragenden, deren fachliche Beiträge dieses Fachgespräch ermöglicht haben,
- den Mitgliedern des Programmkomitees, die die einzelnen Beiträge ausgewählt und fachlich betreut haben, und
- Frau Harms, die das Tagungssekretariat mit großem Einsatz geführt hat.

Sankt Augustin, im Februar 1990

K. Kansy
P. Wißkirchen

Inhaltsverzeichnis

Semiformale Darstellungen in wissensbasierten Systemen (*)

Thomas Strothotte

IBM Heidelberg Scientific Center (HDSC)
Tiergartenstraße 15, D-6900 Heidelberg

Claudia Schmid

Institut für Computersysteme, Eidgenossische Technische Hochschule (ETH)
CH-8092 Zürich

Kurzfassung

Heutige wissensbasierte Systeme beschränken sich auf Gebiete bzw. Teilgebiete, die durch formale, symbolische Repräsentationen modelliert werden können. Von solchen Repräsentationen - und dann auch von den Benutzerschnittstellen der darauf basierenden Systemen - fehlen dadurch die intuitiven, nicht formalen Aspekte der Gebiete.

In diesem Beitrag führen wir den Begriff "semiformale Repräsentation" ein. Bei diesen Repräsentationen sind Teile formal - sie können durch systematische Verfahren vom Rechner verarbeitet werden -, während andere Teile nicht formal sind. Es wird gezeigt, wie gewisse Arten bildhafter Darstellungen als semiformale Repräsentationen behandelt werden können. Schließlich beschreiben wir ein prototypisches Lehrsystem für den Chemieunterricht der gymnasialen Oberstufe, bei dem die neueingeführten Begriffe illustriert werden.

1. Einführung

Eine der grundlegenden Prämissen moderner wissensbasierter Systeme ist die formale Repräsentation von Information durch Symbole, denen implizit eine bestimmte Bedeutung zugeordnet wird, und die auf mathematische Art und Weise manipuliert werden. Dreyfus hat jedoch darauf hingewiesen, daß bestimmte Arten menschlichen Wissens nicht formal repräsentiert werden können, und daß informale Repräsentationen nicht zu formalen kompatibel sind [2]. Darüberhinaus hat Steels [12] kürzlich argumentiert, daß "common sense involves visual thinking or mental imagery rather than formal and rational thinking based on a logical axiomatisation of the world."

Im vorliegenden Aufsatz entwickeln wir ein Konzept der Wissensrepräsentation, das sowohl formale als auch informale Aspekte berücksichtigt. Im zweiten Kapitel werden 'semiformale Repräsentationen' definiert. Dabei wird deutlich, welche Bedeutung in diesem Zusammenhang bildlichen Repräsentationen zukommt. Bildliche Repräsentationen dienen dazu, Wissen im Rechner darzustellen und Informationen dem Benutzer eines auf diesem Wissen basierenden, dialogorientierten Systems zu übermitteln. Im dritten Kapitel stellen wir ein prototypisches

---

(*) Die Grundlagen für diese Arbeit entstanden im wesentlichen während die Autoren am Institut für Informatik der Universität Stuttgart tätig waren.

Dialogsystem vor, das auf 'semiformalen' Repräsentationen beruht. Schließlich geben wir im vierten Kapitel einen Abriß neuer Problemstellungen, die unsere Arbeit aufwirft.

2. Formale und Semiformale Repräsentationen

Unser theoretischer Rahmen zur Verarbeitung formaler bzw. nichtformaler Strukturen im Bereich der Wissensverarbeitung stützt sich zunächst auf Arbeiten einer Reihe anderer Bereiche und Disziplinen. Die hier aufgeführten Erkenntnisse gelten auf ihren jeweiligen Gebieten meist als gesichert und ausdiskutiert. Durch deren Anwendung auf wissensbasierte Systeme und durch die Herstellung von fachlichen Querverbindungen können wichtige Hinweise zur Gestaltung von Verfahren zur rechnerinternen Informationsverarbeitung gewonnen werden.

2.1 Formalisierung und ihre Grenzen

Die in heutigen intelligenten Systemen verwendeten formalen Notationen haben ihren Ursprung in der 'Begriffsschrift', die Gottlob Frege vor über hundert Jahren entwickelt hat. Vom theoretischen als auch vom praktischen Standpunkt her gesehen, besteht ein enger Zusammenhang zwischen solchen Repräsentationen und Sprache, da die in den Notationen verwandten Prädikate und Bezeichner von den in natürlicher Sprache üblichen abstammen. Genau hier sah auch der Philosoph Wittgenstein die konzeptuellen Grenzen im Umgang mit der Welt. In seinen Worten sind "die Grenzen unserer Sprache ... die Grenzen unserer Welt".

Erst vor wenigen Jahren argumentierte Naur [8], daß die Bedeutung eines jeden formalen Ausdrucks vollständig vom informalen Kontext abhängt, in dem er steht. Naur zitiert Beispiele mathematischer Beweise - etwa von Gauss - in denen sich die Darstellung frei zwischen formalen und informalen Aussagen bewegt. Solche Beweisführungen bleiben einem Leser, der nicht über informale Begleitinformationen verfügt, normalerweise unverständlich. Aber sogar dort, wo nur formale Aussagen verwendet werden und die Ableitung eines neuen Faktums von Gegebenem durch rein formale Manipulationen erreicht werden kann, beruht die Ableitung doch zum größten Teil direkt auf dem intuitiven Verständnis der Fakten beim Leser.

Obwohl sich Naurs Kritik auf formale Beschreibungen von Programmiersprachen bezog, kann sie ebenso auf Formalisierungen von Wissen angewandt werden. Solche Formalisierungen sind zweifellos notwendig, dennoch muß eingeräumt werden, daß sie einen Anwendungsbereich in vielen Fällen nur unvollständig abdecken können.

2.2 Eigenschaften Semiformaler Repräsentationen

Es wird davon ausgegangen, daß wissensbasierte Systeme eine signifikante Erweiterung erfahren, wenn Repräsentationen verwendet werden, die einen Teil der informalen, intuitiven Aspekte des jeweiligen Anwendungsbereichs abdecken. Folgende Eigenschaften werden für diese Art der Repräsentation als notwendig erachtet:

1. *Teile der Repräsentation sind durch formale Mittel manipulierbar, während andere informal, d.h. nicht im Ganzen durch formale Mittel zu manipulieren sind.*
   Damit soll ausgedrückt werden, daß die Syntax der Repräsentation analysierbar und manipulierbar sein muß, um einen Teil ihrer Bedeutung zu bestimmen. Allerdings werden wir die in der Vergangenheit (vgl. [2,4]) für rechnerinterne Wissensrepräsentation gültige Restriktion abschwächen, wonach die Vollständigkeit der symbolischen Verarbeitung notwendig bzw. angestrebt ist.

2. *Die Repräsentation läßt dem Betrachter Raum für individuelle Interpretation.*
   Damit meinen wir, es soll möglich sein, daß verschiedene Betrachter der Repräsentation sehr wohl verschiedene Formalisierungen oder Verbalisierungen des Dargestellten haben können.

Wir nennen eine Repräsentation mit den obigen Eigenschaften eine 'semiformale Repräsentation'. Da eine solche Repräsentation stark von ihrer Interpretation durch den Benutzer eines darauf basierenden Dialogsystems abhängig ist, wird der Benutzer als integraler Bestandteil des gesamten wissensbasierten Systems betrachtet.

2.3 Bilder als Semiformale Repräsentationen

Bildliche Repräsentationen werden in unserer Gesellschaft auf mannigfaltige Weise verwendet. Auf der einen Seite gibt es Piktogramme, deren 'Bedeutungen' allgemein bekannt und gleichzeitig sehr sprachorientiert sind: normalerweise kann ihre Semantik mit derjenigen spezifischer Wörter gleichgesetzt werden. Das andere Extrem sind komplexe Bilder, die detailliert betrachtet werden müssen, um verstanden zu werden. Solche bildlichen Repräsentationen enthalten einen Informationsreichtum, der vom Benutzer erst mit der Zeit erschlossen werden kann.

Weidenmann [15] (siehe auch Eco [3]) geht von einer Dreiecksbeziehung zwischen Bildern, realer (wahrgenommener) Welt und Sprache aus (siehe Abb. 1). Im Fall der Piktogramme, die sich vorwiegend an der Sprache orientieren, spricht man von einem "starken Kode". Solche Bilder werden vom Betrachter in sequentieller Vorgehensweise dekodiert, ähnlich der Vorgehensweise bei linguistischen Ausdrücken. Komplexere Bilder werden demgegenüber eher auf eine Weise dekodiert, die der Wahrnehmung der realen Welt entspricht. Man sagt in diesem Fall, das Bild habe einen "schwachen Kode".

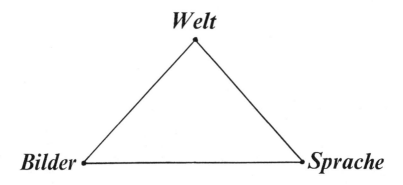

Abbildung 1. **Die Beziehung zwischen Bildern, Sprache und der Welt:** Eine gegebene Beschreibung der Welt liegt irgendwo auf der horizontalen Kante zwischen Bildern und Sprache.

Der wesentliche theoretische Beitrag der vorliegenden Arbeit liegt beim Vorschlag, die beiden Bildarten - Bilder mit schwachem und solche mit starkem Kode - systematisch zu kombinieren, damit sie bildliche Repräsentationen ergeben, die dann die oben genannten Kriterien für semiformale Repräsentationen erfüllen. Ein komplexes Bild, für das keine vollständige semantische Beschreibung angestrebt wird, kann durch Symbole des starken Kodes erweitert werden. Das komplexe Bild definiert den Kontext, während die Symbole des starken Kodes die Aufmerksamkeit des Betrachters auf bestimmte Bildteile lenken und zu einer angemessenen Verbalisation der Gesamtaussage des Bildes führen.

2.4 Bilder als Brücke zwischen Realität und Sprache

Mit symbolischen Strukturen wird versucht, Konzepte der Realität, welche hier als informaler Kontext betrachtet wird, auf formale Weise zu modellieren. Eine bildliche Repräsentation (als semiformale Repräsentation) liegt also zwischen der formalen Repräsentation - die eng mit der linguistischen Repräsentation verbunden ist - und ihrem informalen Kontext, der Realität. Die Situation wird durch Abbildung 2 verdeutlicht: hierbei repräsentiert der äußere Kreis die "Welt" (im Sinne Wittgensteins), die im Rechner modelliert werden soll. Ein Teil der Welt wird durch semiformale Repräsentationen modelliert, während nur ein kleiner Kern durch formale Repräsentationen modelliert wird. Die Grenzen zwischen den drei Konzepten sind fließend und hängen von der jeweiligen Anwendung ab.

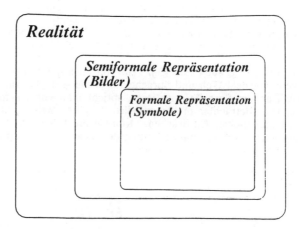

Abbildung 2. Realität, Bilder und Symbole: Eine formale Repräsentation deckt nur einen Teil der Realität ab. Eine semiformale Repräsentation deckt einen Teil des Kontextes der formalen Repräsentation ab.

Die von uns aufgestellte Trichotomie "formal-semiformal-informal" erlaubt es, einige Phänomene und Systementwürfe in neue Licht zu sehen und neue Beziehungen zwischen ihnen zu erkennen (siehe Schmid [11]). So erhält beispielsweise der Benutzer in vielen Dialogsystemanwendungen Informationen vom System und führt daraufhin eine manuelle Operation aus. Beispiele hierfür sind Lernprogramme, bei denen der Benutzer am Ende jeder Dialogsitzung eine Übung ausführt. Ein anderes Beispiel ist ein Diagnosesystem, bei dem der Benutzer dem System eine Problemstellung bezüglich Schwierigkeiten mit einem elektronischen Gerät beschreibt und Ratschläge zur Lösung dieses Problems erhält; wenn er Instruktionen bekommt, führt er sie aus, mit dem Ziel, sein Problem zu lösen.

In solchen Systemen ist es Handlungen des Benutzers, physikalische Aktionen in der realen Welt auszuführen, d.h. also in unserer Terminologie, etwas informales. Wird die Instruktion verbal gegeben, so muß der Benutzer die Details der Aktion durch Übersetzung von der linguistischen in die physikalische Form ermitteln. Konstruiert der Rechner jedoch eine semiformale Repräsentation (z.B. ein entsprechendes Bild) zur Demonstration für den Benutzer, so ist die Transformation zur physikalischen Handlung, die dieser ausführen muß, viel weniger komplex.

Die Situation kann bezüglich unserer Trichotomie wird in Abbildung 3 verdeutlicht. Die Darstellung ist semiformal insofern, als sie informale Teile (die Darstellung der Hand in bestimmter Stellung) und formale Teile (den abwärts zeigenden Pfeil) enthält. Hier wird deutlich, daß die semiformale Repräsentation als Brücke zwischen der formalen Beschreibung und der informalen Realität fungiert.

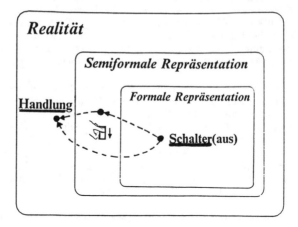

Abbildung 3. Analyse von bildlichen vs. linguistischen Instruktionen: Wird einem Benutzer eine verbale Instruktion gegeben, so muß er diese selbst bezüglich des zu lösenden Problems interpretieren. Eine bildliche Beschreibung steht dagegen in ihrer Form den manuellen Operationen, die die tatsächliche Lösung darstellen, näher.

3. Eine prototypische Anwendung

3.1 Überblick

Als Ausprägung und zur Umsetzung des theoretischen Vorschlags zur systematischen Ergänzung von Bilder mit schwachem Kode durch Symbole mit starkem Kode wurde ein prototypisches, rechnerunterstütztes Lehrsystem für den Chemieunterricht in der gymnasialen Oberstufe entworfen und implementiert. Dieser Anwendungsbereich ist zur Verdeutlichung der in den letzten Abschnitten eingeführten Konzepte besonders gut geeignet, da sowohl formale als auch informale Aspekte einbezogen werden. Das beschriebene System wurde in Prolog auf einem IBM PC-AT implementiert; ein erster Entwurf wird in Strothotte und Böcke [13] vorgestellt, während eine ausführliche Implementierung in Turbo-Prolog und Turbo-C mit Schwerpunkt auf flexibler Benutzereingabe kürzlich fertiggestellt wurde (siehe Athanasiou [1]).

Der Chemieunterricht im Gymnasium befaßt sich sowohl mit Theorie - Atomen, Molekülen und ihren Interaktionen - als auch mit Experimenten im Labor. Bezüglich des theoretischen Aspekts wurden im Laufe des letzten Jahrhunderts formale Notationen entwickelt. Diese können einen Teil der Wissensbasis abgeben, z.B. indem man chemische Gleichungen mit Prologprädikaten ausdrückt.

Die formalen Notationen machen jedoch nur einen Teil der Chemie aus. Insbesondere wird ein Schüler oft nicht wissen, was mit den Chemikalien geschehen muß, damit eine Reaktion beginnt. Darüberhinaus sind experimentelle Techniken, so z.B. wie man ein Reagenzglas bei der Erwärmung einer Substanz halten muß, Aspekte eher informaler, intuitiver Natur; ihre formale Beschreibung ist beschwerlich und ihre Präsentation erscheint dem Benutzer unbeholfen. Im vorliegenden System werden solche Aspekte mit Bildern, die wir als semiformale Repräsentation betrachten, abgedeckt.

3.2 Realisierung

Unser System benötigt nur eine kleine Anzahl an Basisbildern, die als Erweiterungen von Minskys *frames* [7] organisiert werden und in diesem Zusammenhang "Bildrahmenstrukturen" - im Folgenden kurz: BRS - genannt werden [13]. BRS bestehen zum Teil aus Slots und Methoden, die wie bei frames üblich zum Problemlösen verwendet werden. Der zentrale Teil einer BRS ist jedoch eine bildliche Repräsentation. Diese wird im Laufe eines Problemlöseprozesses ergänzt bzw. verändert und stellt schließlich die Problemlösung dar.

Die Veränderungen im Bild werden im Zusammenhang mit besonderen "Graphischen-Ergänzungs-Slots" des betreffenden BRS vollzogen. Wird ein solcher Slot mit einem Wert (in der Regel einem Symbol mit starkem Kode) gefüllt, so wird eine "if-added"-Prozedur aufgerufen, die einen entsprechenden Eintrag im Bild vornimmt. Dieser Eintrag kann beispielsweise in Form einer Beschriftung, eines Pfeils oder eines Strichs sein. Der Eintrag hat in der Regel einen starken Kode und überlagert das Bild mit seinem schwachen Kode. Wichtig ist dabei, daß die Änderungen im Bild den neuen Wert des Slots auf angemessene Weise darstellen. Erst durch diese art Slots und deren Verarbeitung wird die Kluft zwischen symbolischen Problemlösen und der bildhaften Darstellung der Lösungen überbrückt.

Bei der Implementierung fand die symbolische Wissensrepräsentation und -verarbeitung in Prolog statt, während graphische Funktionen in C geschrieben wurden. Dabei ergibt sich die Schwierigkeit, daß es in Prolog in der Regel nicht möglich ist, graphische Objekte direkt zu verwalten, auch wenn deren Verarbeitung in C behandelt wird. Um beispielsweise die Unifikation einer Prolog-Variable mit einem Bild zu ermöglichen, wurden daher Bilder in Dateien abgespeichert und der Name der Datei mit der betreffenden Variable unifiziert.

3.3 Beispiele

Das Dialogsystem erlaubt es Schülern, Fragen zu chemischen Reaktionen zu stellen, auf die Antworten gegeben werden. Dazu wird jeder Grundkonfiguration eines Experiments (z.B. Erhitzung einer Substanz in einem Reagenzglas, Auffangen eines Gases) wird eine BRS zugeordnet. Die einzelnen BRS können zu komplexeren experimentellen Aufbauten kombiniert werden. Es wurde Wert darauf gelegt, daß es dem Benutzer möglich sei, auch bei der Formulierung seiner Anfrage Gebrauch von diesen semiformalen Repräsentationen zu machen. Die Antworten werden im Anschluß daran vom System mit durch Symbole erweiterten Bildern gegeben.

Angenommen, ein Benutzer möchte die Frage stellen: "Wie produziere ich Stickstoff (N)?" Er formuliert seine Frage, indem er passende Teile einer Versuchsanordnung aus einem Menu kombiniert und diese dem System zur Vervollständigung übermittelt. Die Abbildung 4(a) zeigt, wie ein Benutzer obige Frage ausdrücken kann: ein umgekehrt in einer Flüssigkeit stehendes Becherglas, in dem ein Gas aufgefangen wird. Der Benutzer markiert den Inhalt des in das Becherglas führenden Schlauchs mit der zu produzierenden Substanz (hier: Stickstoff N). Im Falle des vorliegenden Systems stellt der Benutzer solche Ergänzungen (Striche, Pfeile) durch ein Menu zusammen; allerdings könnten diese auch freihand erstellt und vom System entsprechend interpretiert werden [14].

Vom System wird anhand der Benutzerergänzungen der Grundbilder ermittelt, was die Anfrage ist. Durch eine rechnerinterne Formelsammlung, die durch Prologprädikate dargestellt ist, wird errechnet, welche Reaktionen und Vorgänge zur Beantwortung der Anfrage benötigt werden. Die den Verfahren entsprechenden BRS werden im Speicher gesucht und deren Slots bzw. Graphischen-Ergänzungs-Slots mit entsprechenden Werten - in der Regel chemischen Bezeichnern - belegt. Dadurch werden in den zu den Verfahren gehörigen Bilder entsprechende Eintragungen gemacht. Das System präsentiert schließlich das zusammengestellte Bild, welches die Antwort darstellt (Abb. 4(b)). Natürlich gibt es verschiedene Möglichkeiten der Stickstoffproduktion; drückt man den Mausknopf, so wird (mit Hilfe des 'backtracking' in Prolog) eine andere Lösung generiert.

Das Beispiel illustriert die Schlüsselbegriffe der Trichotomie 'formal-semiformal-informal', deren Grundlagen wir in diesem Aufsatz gelegt haben. Der informale Aspekt ist das chemische Ex-

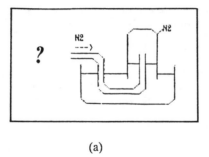

(a)

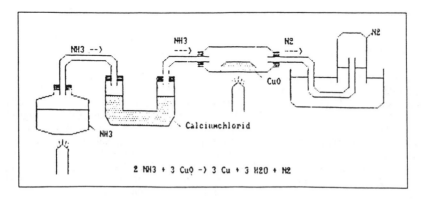

(b)

Abbildung 4. Beispiel von Frage und Antwort: Teil (a) zeigt die Frage des Benutzers "Wie produziere ich Stickstoff (N) ?", während (b) eine vom System generierte Antwort zeigt. Diese wurde durch Kombination von vier BRS erstellt: eine BRS zur Erwärmung einer Substanz in einem Reagenzglas, eine zum Trocknen eines Gases, eine, die zeigt, wie ein Gas über eine erhitzte Substanz geleitet wird und eine (die BRS aus der Frage) zum Auffangen eines Gases.

periment, das der Benutzer ausführen möchte, bzw. über das er Informationen haben möchte. Die Bilder, mit denen er seine Frage formulieren kann und mit denen sie auch beantwortet wird, sind semiformale Repräsentationen. Die Details der Bilder sind nur dem Benutzer zugänglich, da das vorgestellte Dialogsystem kein visuelles System zur Bildanalyse besitzt: laut Eco sind sie ein schwacher Kode. Die Bilder werden durch eine formale Notation erweitert, diese besteht aus textuellen Beschriftungen (chemische Bezeichner) und Symbolen (Pfeilen), die beispielsweise die Fließrichtung eines Gases anzeigen. Diese Notationen gelten als starker Kode. Das Kommunikationsmedium kann demnach als semiformal betrachtet werden, da Teile nur durch einen (menschlichen) Benutzer verarbeitet werden können (bildliche Teile), während andere Teile (Erweiterungen: Beschriftungen und Symbole) systematisch und in einer der Symbolmanipulation entsprechenden Weise vom Rechner behandelt werden können. Nur die den Berechnungen zugrundeliegenden chemischen Formeln werden streng formal repräsentiert.

4. Abschließende Bemerkungen

Eine der fundamentalen Eigenschaften semiformaler Repräsentationen ist es, daß der Benutzer des Dialogsystems stärker in den Problemlösungsprozeß miteinbezogen wird. Der Erfolg eines Systems hängt nun mehr denn je von der Fähigkeit des Benutzers ab, die Information, die ihm die Maschine übermittelt, relativ zu seinen eigenen Informationswünschen richtig zu interpretieren. Man kann sich nun nicht mehr auf den Standpunkt stellen, ein Rechner "verstehe" eine Lösung, da ihm die Mittel zur Interpretation der informalen Aspekte in der semiformalen Repräsentation fehlen. Jedoch genau das ist der Grund für die Mächtigkeit semiformaler Repräsentationen, insofern, als sie es möglich machen, einem Benutzer mehr zu übermitteln, als was in der Maschine rein symbolisch repräsentiert ist.

In diesem Zusammenhang kann das alte Sprichwort "Ein Bild sagt mehr als tausend Worte" neu interpretiert werden: Betrachtet man nur die formalisierbaren Aspekte eines Bildes, so ist es im Prinzip möglich, eine vollständige formale Beschreibung dafür zu geben; damit wäre das Bild selbst, vom Blickpunkt der Generierung aus gesehen, redundant. Wir streben es jedoch überhaupt nicht an, das Bild im Rechner vollständig zu formalisieren, sondern geben es direkt an den Benutzer weiter, um es ihm zu ermöglichen, seine Ansicht oder Verbalisierung selbst zu formulieren. Während also jeder individuelle Betrachter zwar nur eine kleine Anzahl Worte zu seiner Interpretation des Bildes formuliert, kann die Summe der unterschiedlichen Verbalisierungen des selben Bildes durch verschiedene Personen sehr groß sein, unter Umständen wie es oben heißt "tausend Worte". Diese Interpretation steht der von Larkin und Simon [6] gegenüber, die das Sprichwort im Zusammenhang mit effizienten Algorithmen, die sich die zweidimensionale Natur von Diagrammen zunutze machen, belegen.

Eine fundamentales Problemstellung, welche die vorliegende Arbeit aufwirft, ist, zu entscheiden, wie informal bildliche Repräsentationen tatsächlich sind. In der Tat ist es Ziel der Psychologen, eine "Bildersprache" zu finden, seit Münsterberg diesen Ausdruck um die Jahrhundertwende prägte (siehe Jörg [5]). Vielleicht kann Pasolinis Vorschlag [9] eines den Bildern zugrundeliegenden stilistischen Systems - anstelle eines linguistischen Systems - diesbezüglich als Ansatzpunkt dienen. Die Ergebnisse der Arbeit von Rohr [10] zur Dekomposition von Piktogrammen können als Hinweiß dafür dienen, daß dies machbar sein könnte und geben damit Anlaß zu verhaltenem Optimismus. Wir untersuchen zur Zeit die Möglichkeit einer Erweiterung von Wittgensteins "Sprachspielen" auf Bilder, d.h. Konzentration auf den sozialen Gebrauch von Bildern und Definition einer Sprache mit Schwerpunkt auf diesen Aspekten. Wir haben vorgesehen, diese Sprache zur Generierung bildhafter Repräsentationen aus symbolischen Strukturen zu nutzen.

Dem Forschungsbereich, der in diesem Aufsatz behandelt wird, fehlt eine solide Grundlage zur Ausführung empirischer Tests. Es werden Richtlinien benötigt, um Software, welche semiformale Repräsentationen verwendet, auf ihre Handhabbarkeit hin zu testen. Es ist sogar unklar, welche Qualitäten gemessen werden können und sollen, um die entwickelten Systeme mit funktionell äquivalenten zu vergleichen. Wenn man sich dieser Fragen erst einmal angenommen hat, besteht darüberhinaus die Herausforderung, den Effekt semiformaler Repräsentationen auf den Benutzer empirisch zu untersuchen. Insbesondere ist unklar, in welchem Ausmaß die Verwendung semiformaler Repräsentationen die Notwendigkeit eines Benutzermodells verringert. Heutzutage wird die Benutzermodellierung in erster Linie deshalb als unerläßlich betrachtet, weil das Verstehen linguistischer (oder formaler) Beschreibungen seitens des Benutzers formaler Notationen in starkem Masse von seinem Kompetenzniveau im jeweiligen Anwendungsbereich abhängt. Wir stellen dem entgegen, daß semiformale Notationen sicherlich weniger sensitiv im Bezug auf das Benutzerniveau sind, da sie viel mehr Raum für individuelle Interpretation lassen. Wenn dies der Fall wäre, so wäre die Notwendigkeit einer Benutzermodellierung reduziert.

Schließlich ist es denkbar, daß die Verlagerung der Aufmerksamkeit weg von formalen, sprachähnlichen Strukturen hin zu semiformalen Repräsentationen und bildhaften Darstellungen Auswirkungen auf die Zielsetzung der linguistischen Datenverarbeitung im Zusammenhang mit Dialogsystemen hat. Noch ist nicht abzusehen, in welchem Ausmaß sich die linguistische Verarbeitung bei der Kombination mit Bildern ändern wird. Es ist damit zu rechnen, daß durch die Verwendung von Bildern die linguistische Verarbeitung in lauffähigen Systemen entlastet wird.

5. Danksagung

Die Autoren möchten Herrn Prof. Dr. R. Gunzenhäuser für seine freundliche Unterstützung ihrer Arbeit danken.

6. Literatur

[1]   Athanasiou, E. *Interaktion mit bildhaften Darstellungen bei einem wissensbasierten Lernsystem.* Studienarbeit am Institut für Informatik der Universität Stuttgart, Juli 1989.

[2]   Dreyfus, H. "From Micro-Worlds to Knowledge Representations - AI at an Impasse". In: R. Brachman, H. Levesque (Hrsg.): *Readings in Knowledge Representation*, Morgan Kaufmann Publishers, 1985.

[3]   Eco, U. *Einführung in die Semiotik.* Fink, München, 1972.

[4]   Hayes, P. "Some Problems and Non-Problems in Representation Theory". In: R. Brachman, H. Levesque (Hrsg.): *Readings in Knowledge Representation*, Morgan Kaufmann Publishers, 1985.

[5]   Jörg, S. "Was Bilder dem Kind erzählen". *Fernsehen und Bildung*, 1979.

[6]   Larkin, J. H., Simon, H. A. "A picture is worth ten thousand words", *Cognitive Science 11*, 65-99, 1987.

[7]   Minsky, M. :"A Framework for representing knowledge". In: P. H. Winston (Hrsg.): *The Psychology of Computer Vision*, 421-452, McGraw-Hill, New York, 1975.

[8]   Naur, P. "Formalization in Program Development". *BIT 22*, 1982.

[9]   Pasolini, P. *Ketzererfahrungen: Schriften zu Sprache, Literatur und Film.* Carl Hanser Verlag, 1979.

[10]   Rohr, G. "Understanding Visual Symbols". *IEEE Workshop on Visual Languages*, 184-199, Hiroshima, 1984.

[11]   Schmid, C. *Grenzen sprachlicher Darstellungen in der Informationsverarbeitung.* Diplomarbeit am Institut für Informatik der Universität Stuttgart, August 1989.

[12]   Steels, L. "Steps toward common sense". In: B.Radig, Y.Kodratoff, B.Überreiter, K.Wimmer (Hrsg.): *Proc. 8th European Conference on Artificial Intelligence*, Pitman Publishing, London, 1988.

[13]   Strothotte, Th., D. Böcke. "Informationsvermittlung in interaktiven wissensbasierten Systemen durch bildhafte Darstellungen", in S. Maaß, H. Oberquelle (Hrsg.), *Software Ergonomie '89*, 345-354, Teubner Verlag, Stuttgart, 1989.

[14]   Strothotte, Th. *Interaktive und wissensbasierte Methoden zur integrierten Bild- und Sprachkommunikation.* Habilitationsschrift, Fakultät Informatik der Universität Stuttgart, Juni 1989.

[15]   Weidenmann, B. *Psychische Prozesse beim Verstehen von Bildern.* Huber, Bern-Stuttgart-Toronto, 1988.

Entwicklung einer bildorientierten Benutzungsoberfläche für wissensbasierte Dialogsysteme

Kai Zimmermann
Institut für Informatik
Technische Universität München
Arcisstr. 21, 8000 München 2

1 Einleitung und Motivation

Im Rahmen eines Forschungsprojekts zur Untersuchung von Eigenschaften bildhafter und sprachlicher Darstellungen entwickeln wir ein interaktives Computersystem zur Manipulation von visuellen Szenen und sprachlichen Szenenbeschreibungen. Das Projekt beschäftigt sich mit der kontextadaptiven natürlich-sprachlichen Objekt- und Szenenbeschreibung, gewonnen aus bildhaftem Wissen und mit der Identifikation von Objekten aufgrund von gegebenen Beschreibungen. Dabei spezialisieren wir uns im wesentlichen auf Beschreibungen, wie sie in Wegauskünften vorkommen.

Die vorliegende Arbeit beschäftigt sich mit der dazu entwickelten bildschirmorientierten Benutzungsoberfläche und den verwendeten Interaktionsmethoden. Konzeptuell stellt diese Benutzungs-oberfläche im Projekt einen Ersatz für eine hochwertige Bilderkennungskomponente dar, die zusätzlich die direkte Manipulation von Gesprächskontext und Referenzobjekten erlaubt.

Unsere Benutzerschnittstelle muß im wesentlichen drei Aufgaben erfüllen:
- Ein- und Ausgabe von Kontexten (Mengen von Objekten),
- Eingabe „Objekt" / Ausgabe Beschreibung,
- Eingabe Beschreibung / Ausgabe „Objekt".

Es zeigt sich, daß herkömmliche textuelle Ein-/Ausgabeverfahren hier ungeeignet sind. Ein Beispiel hierfür wäre:

```
<<< (Beschreibe 'Haus2 '(Haus1 Gebäude4 Platz67 Haus2))
>>> Es ist das große gelbe Haus.
<<< (Anfrage "Welches ist das kleine rote Gebäude?"
    '(Haus1 Gebäude4 Platz67 Haus2))
>>> Gebäude4
```

Wie man sieht, sind die Objekte und ihre Beschreibungen in den Ein- und Ausgaben nur über einen (evtl. komplexeren) textuellen Identifikator zueinander in bezug gesetzt. Der Tatsache, daß die Beschreibungen auf bildhaftem Wissen beruhen, wird in keiner Weise Rechnung getragen.

Wir beschlossen daher, eine experimentelle Bildschirmoberfläche zu entwickeln, die es darüber hinaus erlaubt, die Ein- und Ausgaben auf direktere Weise zu vollziehen. Die Oberfläche soll folgendes leisten:

- Darstellung eines Szenenbildes, auf dem die Diskursobjekte zu sehen sind,
- Eingabe durch Zeigen mit einer Maus,
- Ausgabe durch geeignetes Verändern des Objektbildes am Bildschirm.

Dabei sollen auch komplexere Szenenbilder, wie sie beispielweise eine TV-Kamera oder ein Foto-scanner liefert, bearbeitet werden können.

2 Wesentliche Implementationsentscheidungen

2.1 Konzeption des Systems

Der gesamte Oberflächenteil wurde in MacScheme und Toolsmith[1] auf einem Macintosh[2] implementiert [7, 8]. Abb. 1 zeigt den schichtweisen Aufbau des objektorientiert modularisierten Systems. Die verschiedenen Schichten werden im folgenden von unten nach oben charakterisiert.

6. Wissensbasiertes System
5. Regioneneditor und Benutzerschnittstelle
4. Schnittstellen-Instantiierung
3. Toolsmitherweiterung
2. Toolsmith
1. Betriebssystem
0. Hardware

Abb. 1: Das Schichtenmodell

Schicht 0: Hardware

Schicht 1: Macintosh Betriebssystem

Hier werden über Assemblertraps einfache Funktionen zur Bildschirmverwaltung bereit gestellt.

Schicht 2: Toolsmith

Toolsmith stellt die Verbindung zwischen Scheme und den Assemblertraps her. So können von Scheme aus Betriebssystemfunktionen verwendet werden (entspricht einer Pascal-Bibliothek).

Schicht 3: Toolsmitherweiterung

Hier werden, basierend auf der Toolsmith-Ebene, komplexere, grundlegende, an unserem Bedarf orientierte Teile definiert, wie z.B. Objekte, die Regionen in einem Fenster entsprechen und Prozeduren, um diese zu verwalten und auf dem Bildschirm darzustellen. Eine Vielzahl von Zeigeaktionen für die Objekte wird zur Verfügung gestellt, um ein einfaches Umkonfigurieren der Benutzerschnittstelle zu erlauben, vom einfachen Invertieren der Pixel innerhalb einer Region bis zur helligkeitserhaltenden Farbverschiebung innerhalb der Region und Zeigerbewegung zur Mitte der Region.

Schicht 4: Schnittstellen-Instantiierung

Hier werden die Routinen aus Schicht 3 ausgewählt, die in der jeweiligen Schnittstelleninstanz verwendet werden. Die eigentlich verwendeten Routinen werden in dieser Schicht eingekapselt, d.h. dem Programmierer werden nur noch instantiierte Zeigeaktionen, wie z.B. `Hervorheben_Objekt` oder `Vernachlässigen_Objekt`, zur Verfügung gestellt. So kann man auf einfache Weise mit verschiedenen Markierungs- und Darstellungsformen experimentieren, ohne die folgende Schicht neu überarbeiten zu müssen.

Schicht 5: Regioneneditor und Benutzerschnittstelle

Diese Schicht implementiert sowohl einen Editor zum Definieren von Regionsobjekten als auch die eigentliche Benutzerschnittstelle. Durch diese Schicht wird es möglich, die wissensbasierte Komponente möglichst portabel zu halten. Auf anderen Systemen müssen dann lediglich Funktionen, wie `Hole_Kontext` oder `Antwort_Anzeigen`, zur Verfügung gestellt werden. Wie diese implementiert sind, darüber weiß die folgende Schicht nichts.

---

[1]*MacScheme und Toolsmith sind eingetragene Warenzeichen der Firma Lightship Software, Inc.*
[2]*Macintosh ist ein eingetragenes Warenzeichen der Firma Apple Computer, Inc.*

Schicht 6: Wissensbasiertes System

Hier wird versucht, ausgehend von bildhaftem, d.h. vorwiegend relationalem vagen Wissen, eine Antwort auf die Benutzeraktion zu generieren und diese auszugeben. So kann der Benutzer beispielsweise eine Menge von Objekten, den Kontext, bestimmen und sich dann eins dieser Objekte im jeweiligen Kontext beschreiben lassen. Dabei wird darauf geachtet, eine möglichst natürliche Beschreibung zu generieren. Es erfolgt also nicht eine einfache Aufzählung der vorher eingegebenen Attributwerte, sondern es wird z.B. anhand der Größer_als Relation eine passende Bezeichnung „groß" oder „klein" mit Bezug zum Kontext errechnet. So kann es durchaus vorkommen, daß ein und dasselbe Objekt in einem Kontext als „groß" und in einem anderen als „klein" bezeichnet wird. Die komfortable Benutzungsoberfläche erlaubt es diese Operationen einfacher und direkter durchzuführen, als dies mit einer textorientierten Schnittstelle möglich wäre.

2.2 Aufbau des Szenenfensters

Die Benutzungsoberfläche stellt sich am Bildschirm hauptsächlich durch zwei Fenster dar, einem zur Ein- und Ausgabe der natürlichen Sprache und einem graphischen Szenenfenster. Die Hauptfunktion des Szenenfensters besteht darin, den Benutzer einen Kontext, d.h. eine Menge von Objekten, oder einzelne Objekte, die beschrieben werden sollen, auswählen zu lassen. Dies soll so einfach wie möglich geschehen: nämlich durch Zeigen mit einer Maus. Zu diesem Zweck werden die Objekte im Szenenfenster direkt dargestellt und manipuliert [4, 5, 6]. Es bieten sich hier prinzipiell zwei Methoden an, nämlich eine objektorientierte und eine bildorientierte Arbeitsweise, die im folgenden einander gegenüber gestellt werden.

Bei der objektorientierten Arbeitsweise werden die zu den Objekten gehörenden Graphiken (gezeichnete, gescannte oder berechnete Bilder) jeweils getrennt abgespeichert. Man hat dann die Möglichkeit, sie beliebig auf dem Bildschirm anzuordnen und einzeln darzustellen.

Bei der bildbezogenen Arbeitsweise wird dagegen die gesamte Graphik als ein großes Bild behandelt und abgespeichert. Die Vorlage liefert eine Kamera oder ein Fotoscanner, so daß auch perspektivische realistische Szenen einfach zu verarbeiten sind. Den einzelnen Objekten des wissensbasierten Systems werden dann nur noch bestimmte, evtl. unregelmäßige, Regionen auf dem Bildschirm zugeordnet. Man kann nun zwar die den Regionen zugeordneten Bildteile nicht mehr so einfach einzeln zeichnen oder löschen, aber dafür kann man sehr einfach das gesamte Bild verändern.

Es ist nun möglich, mit einer einzigen Regionsdatenmenge das Bild auf die verschiedensten Weisen darzustellen, z.B. bei Tag und Nacht, reduziert auf Graustufen oder Umrißlinien usw., ohne daß der Benutzer wesentliche Änderungen an seiner graphischen Datenbasis vornehmen muß. Hätte man dagegen hunderte einzelner Objekte, die alle mit neuen Bildern versorgt und auf dem Bildschirm plaziert werden müßten, so würde dies den Benutzer sicher vom Experimentieren mit verschiedenen Szenenbildern abschrecken. Es ergäbe sich das „typische" KI-Bild: Eine kleine Blockswelt läuft, andere Szenen sind *theoretisch* denkbar.

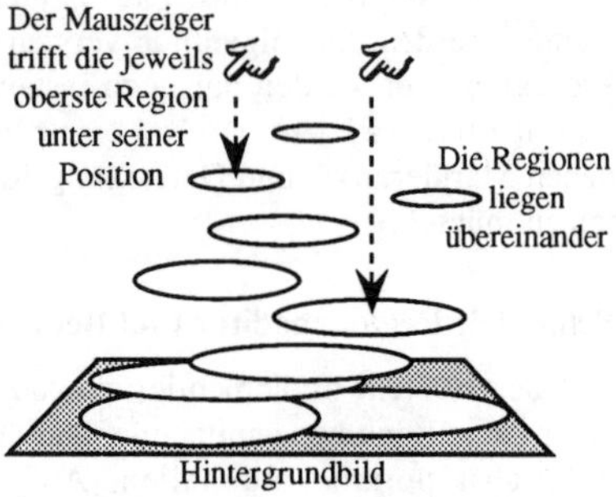

Der Mauszeiger trifft die jeweils oberste Region unter seiner Position

Die Regionen liegen übereinander

Hintergrundbild

Abb. 2: Das austauschbare Hintergrundbild und die darüber liegenden Regionen

Führt man nun noch eine vertikale Ordnung über den Regionen ein, so ermöglicht diese Vorgehensweise die einfache Darstellung von einander überlagernden Regionen. Dabei stellt man sich das Bild als unten bzw. im Hintergrund liegend vor. Direkt darüber kommen nun die großen vagen Regionen und über diesen die immer präziseren kleineren Regionen. Klickt der Benutzer mit der Maus an einer beliebigen Stelle ins Fenster, so wird die oberste, also die präziseste, Region angesprochen (siehe Abb. 2).

So kann man z.B. eine Region Isartorkomplex definieren und über dieser verschiedene kleinere, wie etwa linker Turm und Mittelteil, Zentralturm, usw.. Diese Eigenschaft ist weniger bei der Eingabe, als vielmehr bei der Ausgabe interessant, wenn Phrasen wie „vor dem Isartor links ab" oder „das Karl-Valentin-Museum im linken Isartorturm" als Wegauskunft visualisiert werden sollen. Sie ermöglicht nämlich, nun die in den Antworten angesprochenen Regionen konkret oder vage am Bildschirm zu markieren (siehe Abb. 3).

Abb. 3: Die verschiedenen Regionen können
einzeln oder in ihrer Gesamtheit aktiviert werden.

Wollte man diese Funktionalität mit einzelnen Objektgraphiken gewährleisten, so müßte man sich auf die Vereinigung von disjunkten Mengen beschränken, wie das bei objektorientierten Graphikeditoren der Fall ist. D.h. man kann mehrere Objekte zwar zu einem größeren gruppieren, jedoch kann ein Objekt nicht in verschiedenen Gruppen enthalten sein, ohne daß der Verwaltungsaufwand wesentlich steigt. Man müßte nämlich bei der Gruppierung ebenfalls die vertikale Anordnung der Objekte beibehalten und erhält so evtl. miteinander verzahnte Gruppen, die schwieriger zu behandeln sind.

Bestünde die Graphik aus einzelnen Objekten, so wäre der Raum zwischen ihnen außerdem Niemandsland, es sei denn, man würde die „leeren" Flächen (z.B Straßen und Plätze) explizit als Objekte repräsentieren, was zu erhöhtem Speicheraufwand im System und Irritation beim Benutzer führt. Denn woher soll der Benutzer wissen, daß einige der leeren Flächen einem Objekt entsprechen und welche dies sind? Bei der Darstellung über Regionen dagegen wird typischerweise das gesamte Bild mit Regionen abgedeckt, und die auf dem Bild dargestellten Zwischenräume gehören immer zu der speziellsten darüber definierten Region.

Bei gruppierten Objekten ist es auch schwieriger, den Aktionen des Benutzers eine natürliche Semantik zuzuordnen, falls dieser ein Objekt selektiert, das zu einer oder mehreren Gruppen gehört. Ist das Objekt selbst oder eine der Gruppen gemeint? Bei der Regionen-Darstellung dagegen ist stets die obenliegende, d.h. die speziellste Region gemeint. Durch die Anzeigereaktion des Systems erkennt der Benutzer sofort, welches Objekt er selektiert hat.

Der Benutzer kann die Größe und Lage des Fensters auf dem Bildschirm individuell gestalten, wobei das Bild jeweils automatisch skaliert wird. Dazu müssen die Koordinaten in Bezug auf das Bild und die Regionen den veränderten Verhältnissen jeweils angepaßt werden. Anstatt nun das Bild als Bitmap zu repräsentieren und real zu verändern, was nach mehrfachem Verkleinern und anschließendem Vergrößern zu inakzeptablen Fehlern führt, wurde ein invariantes komprimiertes Zwischenformat gewählt. Das Bild und die Regionen werden dabei in einem eigenen Koordinatensystem repräsentiert und nie verändert. Stattdessen findet eine Skalierung des Bildes beim Bildschirmaufbau statt, die aber kaum zu merklicher Verzögerung führt, da dies auf Betriebssystemebene vom Rechner unterstützt wird. Die vielen einzelnen Regionen werden nur einmal, nämlich bei ihrer Definition, in das Bildkoordinatensystem transformiert. Bei einer Aktion des Benutzers wird die jeweilige Zeigerposition in die Bildkoordinaten umgerechnet und erst dann überprüft, ob eine Region unter dem Zeiger liegt.

2.3 Warum nicht Hypercard?

Die Entwicklung unserer Benutzerschnittstelle wurde sehr stark von Hypercard[3] inspiriert, einem Programm für Macintoshcomputer, mit dem man ähnliches wie mit unserer Graphikschnittstelle realisieren kann [1, 3]. Genau wie bei unserem System kann man Graphik im Hintergrund und maussensitive Flächen im Vordergrund halten. Es steht sogar eine einfache Programmiersprache (Hypertalk) zur Verfügung, mit der man jeder Fläche eine Aktion zuordnen kann. Gerade die von Hypercard erstmals forcierte Idee, Bilder als grundlegende Informationsträger in einer Bildschirmoberfläche zu benutzen, stellt unserer Meinung nach eine wesentliche Weiterentwicklung der Benutzerschnittstellentechniken gegenüber herkömmlichen menu- oder dialogfensterorientierten Systemen dar. Hypercard hat allerdings einige empfindliche Einschränkungen:

- Hypertalk wurde nicht zur Programmierung von KI-Systemen entwickelt, sondern um einfache interaktive Bildschirmmanipulation zu ermöglichen. Da wir Scheme, einen kleinen, quasi standardisierten LISP-Dialekt [2], für unsere Arbeit verwenden wollten, wäre der einzige Ausweg das parallele Abarbeiten des Scheme-Interpreters und des Hypercard-Systems gewesen. Abgesehen vom wesentlich erhöhten Speicherplatzbedarf, hätte dies aber zuerst einmal die Entwicklung einer Schnittstelle zwischen den beiden Prozessen erfordert. Diese Einschränkung gilt auch für alle derzeit auf dem Markt erhältlichen Hypercard-Clones.

- Es läßt sich standardmäßig nur Schwarzweißgraphik darstellen. Es ist zwar möglich, durch Einbinden von externen Prozeduren, die in C oder Pascal erstellt wurden, Farbfenster zu erzeugen, aber diese lassen sich nicht mit den maussensitiven Flächen von Hypercard überlagern. Man müßte also wieder alles selbst verwalten.

- Es gibt nur rechteckige Flächen. Man kann zwar wieder durch externe Prozeduren Abhilfe schaffen, aber hier gelten die gleichen Einwände wie oben.

Wir haben daher eine eigene Graphikschnittstelle in Scheme entwickelt, lediglich auf den vom Macintosh-Betriebssystem zur Verfügung gestellten Funktionen basierend.

---

[3] *Hypercard und Hypertalk sind eingetragene Warenzeichen der Firma Apple Computer, Inc.*

3 Die verschiedenen Markierungsformen

Die Direktheit eines Systems, d.h. der möglichst natürliche Zusammenhang zwischen Benutzeraktionen und Systemreaktionen und umgekehrt, trägt entscheidend zu seiner leichten Bedienbarkeit bei und erleichtert dem Benutzer zu verstehen, welche Aktion er ausführt und was sie bewirkt. Die Manipulation der Regionen und der mit ihnen verbundenen Objekte erfolgt über einen Zeiger, der über eine Maus gesteuert wird. Im folgenden werden die grundlegenden Eigenschaften der Anzeigemethoden, mit denen wir in den Benutzerschnittstellen zum Regioneneditor und dem wissensbasierten System experimentieren, diskutiert.

3.1 Zeitaspekte

Auf ein Drücken und Loslassen des Mausknopfs (Klicken) erwartet der Benutzer eine möglichst sofortige Reaktion des Systems. Befände man sich z.B. in einem Beschreibemodus und würde nach einer Objektselektion einfach die Inferenzkomponente starten und den Benutzer erst nach einiger Zeit mit der gewünschten Auskunft versehen, ohne ihm anzuzeigen, daß sein Befehl bearbeitet wird, so ginge dieser direkte Zusammenhang verloren. Der Benutzer hätte wahrscheinlich in der Zwischenzeit denselben Befehl durch wiederholtes Klicken mehrfach gegeben und müßte nun frustriert auf deren Abarbeitung warten.

Daher muß sichergestellt werden, daß auf jede Benutzeraktion sofort eine deutliche Systemreaktion stattfindet. So kann man z.B. in dem oben geschilderten Szenario als erstes das selektierte Objekt im Fenster hervorheben, und die Tatsache, daß das System nun länger beschäftigt ist, durch ein besonderes Mauszeigersymbol (Uhr oder ähnliches) anzeigen. Nach Abschluß der Berechnungen ändert man wieder den Mauszeiger in eine der ursprünglichen Form ähnliche (z.B. statt zeigende Hand mit Fragezeichen, nun zeigende Hand mit Ausrufezeichen) und versucht die Aufmerksamkeit des Benutzers zu erregen, etwa indem man einen Ton erklingen läßt. Dies ist nötig, da sich nicht ausschließen läßt, daß der Benutzer in der Zwischenzeit seine Aufmerksamkeit anderen Dingen zugewendet hat. Die abschließende Reaktion des Systems, d.h. die Anzeige des Ergebnisses, muß so auffällig sein, daß der Benutzer sie auch dann erkennt, wenn er nicht ständig den Bildschirm beobachtet.

So ist es z.B. akzeptabel, zur sofortigen Anzeige der Selektion in einem Farbbild die entsprechende Region mit einem transparenten Rot zu überlagern, nicht jedoch zur Anzeige eines Ergebnisses, da man nie weiß, ob der Benutzer sich alle Objekte, die vorher rot waren, gemerkt hat und die Änderung überhaupt wahrnimmt.

Man kann sagen, daß das Maß an notwendiger Auffälligkeit der Systemreaktion zum einen von der Wichtigkeit der Benutzeraktion und zum anderen von zwei zeitlichen Faktoren bestimmt wird: erstens von der Dauer zwischen Benutzeraktion und Systemreaktion und zweitens von der Verweildauer der Anzeige am Bildschirm. Je kürzer die Zeit zwischen Aktion und Reaktion, desto unauffälliger darf die Anzeigereaktion ausfallen. Man darf in diesem Fall Muster, Kontrast, Farbe oder Helligkeit ändern, da vorausgesetzt werden kann, daß der Benutzer die Stelle des Mauszeigers beobachtet und diese geringfügigen Änderungen erkennt. Nach einer langen Reaktionszeit muß man jedoch eine Anzeigeform wählen, die nicht voraussetzt, daß der Benutzer sich den vorherigen Zustand des Bildschirms gemerkt hat. Hier eignen sich zum Beispiel verschiedene Formen der zeitlich variablen Änderungen, wie laufende Muster oder Blinken.

Im Falle der Verweildauer der Anzeige auf dem Bildschirm ist das Verhältnis zur Auffälligkeit genau umgekehrt. Je länger eine Anzeige auf dem Bildschirm zu sehen ist, desto unauffälliger muß sie sein, um den Benutzer nicht von der Systemreaktion auf seine letzte Aktion abzulenken. So kann man z.B. bei der Kontexteingabe zuerst einmal alle Regionen verwaschen (durch Kontrastsenkung oder Aufhellen) und die Regionen der vom Benutzer per Mausklick ausgewählten Kontextobjekte dann jeweils wieder im Original darstellen (siehe Abb. 4). Diese Änderung ist auffällig genug, um sie wahrzunehmen, andererseits lenkt sie auch bei längerer Verweildauer die Aufmerksamkeit des Benutzer nicht so stark auf sich, wie etwa ein Blinken der zu den Objekten im Kontext gehörenden Regionen.

Abb. 4a: Das Original.

Abb. 4b: Die Bäume und Sträucher als Kontext.

Abb. 4c: Das Gebäude als Kontext

Die verschiedenen möglichen Änderungen in den Dimensionen der Anzeige, mit denen wir experimentieren, werden im folgenden näher besprochen.

3.2 Anzeige einer Objektkennung

Um dem Benutzer eine Vorstellung vom selektierten Objekt zu geben, kann man eine Kennung in einem Extrafenster oder an einem bestimmten Ort des Szenenfensters anzeigen. Dies kann z.B. der Identifikator oder Name des zugehörigen Objekts in der Wissensbasis sein. Dieses Verfahren ermöglicht dem Benutzer zwar den exaktesten Zugang zur Information, da er nun genau weiß, wie das angeklickte Objekt heißt, hat aber den Nachteil, daß es sehr indirekt ist. Denn eigentlich hat er ja eine Fläche am Bildschirm selektiert und nicht den abstrakten Objektnamen. Gerade bei einem Wegauskunftssystem darf man nicht voraussetzen, daß der Benutzer den Namen der Region kennt. Außerdem wird der Benutzer nach jeder Aktion genötigt, den Blick von der Position des Mauszeigers fort und zur Anzeige zu bewegen. Dazu muß er aber zuerst einmal wissen, daß eine solche Anzeigefläche existiert und wo sie sich befindet.

Hier könnte man natürlich Abhilfe schaffen, indem man den Namen direkt im Bereich des Objekts erscheinen läßt. Hat aber der Benutzer nur sehr knapp daneben geklickt, so könnte das eigentlich anvisierte Objekt nun genau unter dem Namenszug liegen und würde von diesem verdeckt. Da sich Regionen auch überlappen können, ist es nicht trivial eine Heuristik anzugeben, mit der das System in der Lage ist, alle sinnvollen Kandidaten der beabsichtigten Selektion zu erkennen und den Namenszug so in der Nähe des Mauszeigers zu positionieren, daß keiner von ihnen so stark verdeckt wird, daß man ihn nicht mehr erkennen kann.

Die Anzeige des Namens sollte also höchstens eine optionale Hilfe sein, aber niemals das einzige Anzeigemittel. In der Schnittstelle zum wissensbasierten Dialogsystem haben wir bewußt ganz auf diese Methode verzichtet, um den bildorientierten Charakter des Systems hervorzuheben und der natürlichsprachlichen Ausgabe in keiner Weise vorzugreifen. Wir verwenden sie daher lediglich im Regioneneditor, wo über einen Identifikator eine Referenz auf die Objekte in der Wissensbasis hergestellt werden muß, da sie dies vereinfacht.

3.3 Änderung der Objektdarstellung

Bei der Änderung der Objektdarstellung im Graphikfenster hat man zunächst einmal die Wahl zwischen der gesamten Fläche der Region und der Umrandungslinie. Verändert man die gesamte Fläche, so hat man mehr Rechenaufwand beim Ändern und bei der Wiederherstellung des Originalbildes. Dafür ist natürlich die Änderung größer und somit leichter wahrnehmbar. Auch können durch Änderung spezifischer Dimensionen beim Benutzer Assoziationen geweckt werden (Kontrast ~ Wichtigkeit). Ändert man nur die Umrandung, so hat man natürlich weniger Aufwand, muß aber eine sehr hervorstechende Markierungsart verwenden, um aufzufallen. Am auffallensten sind stets zeitlich variable Änderungen, wie etwa Blinken, laufende Muster oder sich ändernde Verfärbungen. Die Tabelle 1 faßt die wichtigsten änderbaren Darstellungsdimensionen zusammen.

Dimension	Vorteile	Nachteile
Helligkeit	• Helle Objekte auf dunklem Hintergrund (und umgekehrt) sind sehr auffällig	• Als Ausgabe auf "Zeig mir das dunkelste Objekt" ist aufhellen kontraintuitiv
Kontrast	• Objekte mit wenig Kontrast werden vom Benutzer als unwichtig eingestuft und ignoriert	• Kontrasterhöhung nicht wirklich möglich
Farbe	• Leuchtende Farben sind sehr auffällig • Schwache Farben wirken unauffällig • Farben wecken bestimmte Assoziationen (z.B. Rot, Grün)	• Wie bei Helligkeit • Bei Beibehaltung der Helligkeit ist am Schwarz-Weiß-Bildschirm keine Änderung mehr zu erkennen
Muster	• Einfach, leicht animierbar • Gleichzeitige Änderung von Helligkeit und Kontrast möglich • Man erkennt bei teilweise durchsichtigen Mustern die darunter liegenden Objekte noch sehr gut	• Gleichzeitige unbeabsichtigte Änderung von Helligkeit und Kontrast möglich

Tabelle 1: Die änderbaren Dimensionen

Änderung der Flächendarstellung

Bei der Änderung der Darstellung einer ganzen Region sollte man vom üblichen einfachen Invertieren der gesamten Fläche als Markierungsform absehen, da sich schon bei komplexen schwarz-weiß Bildern und erst recht bei Farbbildern auf dem Negativ nichts mehr erkennen läßt. Stattdessen experimentieren wir mit transparenten Überlagerungen des Originalbildes. So kann man z.B. ein Grauwertbild sehr schön helligkeitserhaltend mit einer Farbe überlagern und auch Farbbilder mit einem evtl. farbigen, teilweise transparenten Muster, womit sich auch scheinbare Kontrastveränderungen simulieren lassen. Abb. 4 zeigt ein solches Beispiel der Überlagerung mit einem 50 prozentigen, teilweise transparenten Graumuster.

Änderung der Umrandung

Für die Änderung der Regionsumrandung gilt im Prinzip das Gleiche wie für die Flächen, jedoch ist es aufgrund des geringeren Rechenaufwands wesentlich einfacher, in der Zeit variable Änderungen zu verwenden. So kann man z.B. das Muster der Umrandung animieren, was eine sehr auffällige Markierung darstellt. Auch die einfach rückgängig zu machende Hervorhebung durch Invertieren findet hier Verwendung, vor allem bei der Animierung.

Zeiger

Der Mauszeiger ist eine zentrale Stelle, die die Aufmerksamkeit des Benutzers regelmäßig auf sich zieht. Wie schon erwähnt, kann man dies für Systemreaktionen verwenden, z.B. durch Ändern der Zeigerform einen besonderen Betriebsmodus anzeigen. Dabei sollte man piktogrammartige Symbole verwenden, die vom Benutzer mit einer auf den Vorgang zutreffenden Assoziation verbunden werden. So kann man zeitintensive Vorgänge durch Uhren kennzeichnen oder z.B. die Aufforderung an den Benutzer, ein Objekt zu wählen, durch eine zeigende Hand mit einem Fragezeichen.

Vom direkten Versetzen des Mauszeigers an eine andere Bildschirmposition, z.B. in die Mitte der Ergebnisregion, sollte man keinen Gebrauch machen. Es verwirrt die meisten Benutzer, wenn sich der Zeiger, der normalerweise von ihnen über die Maus kontrolliert wird, plötzlich scheinbar selbständig in Bewegung setzt. Stattdessen sollte man einen besonderen Zeiger für die Systemreaktion einrichten und diese Unterscheidung durch geeignete Mittel deutlich machen, etwa indem man für den Benutzerzeiger ein Piktogramm einer menschlichen Hand verwendet und für den Systemzeiger eine Roboterklaue. Dadurch erhält man die Möglichkeit, Zeigegesten in dem Benutzer-System-Dialog sowohl zur Eingabe, als auch zur Ausgabe zu verwenden, und so den natürlichen Beschreibungsdialog zwischen Menschen nachzuahmen [9, 10].

4 Ausblick

Mit der in diesem Papier vorgestellten Konzeption hoffen wir, die Entwicklung von attraktiven fortschrittlichen Benutzungsoberflächen im Bereich der wissensbasierten Systeme zu erleichtern. Die Vielzahl der zur Verfügung gestellten Verfahren und das verwendete Schichtmodell ermöglichen es, die entwickelte Software auch in anderen Systemen zur Implementation von Schnittstellen, die dem Benutzer ein intuitives Verständnis des Systems erleichtern, einzusetzen. Es bleibt abzuwarten, in wie weit sich die Vorteile der bildorientierten Schnittstellentechnik gegenüber den herkömmlichen Methoden durchsetzen und wie sie am sinnvollsten mit diesen kombiniert werden können.

5 Literaturverzeichnis

1. *Apple Macintosh HyperCard Benutzerhandbuch*, Apple Computer GmbH
2. Clinger, William und Jonathan Rees (1989), *Revised 3.99 Report on the Algorithmic language Scheme.*
3. Goodman, Danny (1988), *HyperCard Developers Guide*, Bantam Books
4. Johnson, Jeff et al. (1989), „The Xerox Star: A Retrospective", in *IEEE Computer 22*, Sep., 11-29
5. Kim, Scott E. (1988), *Viewpoint: Toward a Computer for Visual Thinkers*, Stanford, CA 94305
6. König, Andrea (1989), *Desktop als Mensch-Maschine-Schnittstelle*, Springer, Wien
7. *MacScheme + Toolsmith: A Scheme Developement System*, Lightship Software, Inc., Beaverton
8. Rose, Caroline et al. (1985), *Inside Macintosh 1-5*, Apple Computer GmbH
9. Schmauks, Dagmar (1986), *Form und Funktion von Zeigegesten. Ein interdisziplinärer Überblick*, Bericht Nr. 10, Universität des Saarlands
10. Schmauks, Dagmar und Norbert Reithinger (1988), *Generating Multimodal Output – Conditions, Advantages and Problems*, Bericht Nr. 29, Universität des Saarlands

Ein intelligenter Graphikeditor

Heike Schröder-Bücher, Christine Giger
Technische Hochschule Darmstadt
FB Informatik, FG Graphisch-Interaktive Systeme
Wilhelminenstr. 7
D - 6100 Darmstadt
Tel.: ++49-6151-1000-57
Telex: 4197367 agd d ; Telefax: ++49-6151-1000-99
E-Mail: giger@zgdvda.uucp

Zusammenfassung

Bei der systematischen Erstellung von Zeichnungen ist es oft nötig, bestehende, komplizierte Zeichnungen zu verändern, bzw. neue (Teile von) Zeichnungen aufgrund bestimmter Kriterien zu generieren. Als Beispiel kann man Anwendungen aus der Architektur und dem Maschinenbau nennen, ähnliche Fragestellungen oder Probleme können aber auch in anderen Bereichen auftreten. Wünschenswert wäre in diesem Zusammenhang ein "erweitertes graphisches Kernsystem", das beispielsweise nicht nur das Zeichnen einer Linie von einem Punkt zum anderen erlaubt (wie z.B. "GKS" oder "PHIGS"), sondern zudem noch die Möglichkeit bietet, diese Linie etwa als Wand eines Hauses zu identifizieren und die damit korrespondierenden Restriktionen für die Zeichnung automatisch zu überprüfen. Außer den eben genannten Eigenschaften bietet dieser *intelligente Graphikeditor* simultan zu der aktuell zu bearbeitenden Zeichnung einen Graphen an, der die Struktur der Zeichnung wiedergibt, was komplexe Manipulationen an der Zeichnung erheblich erleichtert. Wir beschreiben hier den Prototyp eines solchen Editors, der auf der Basis von Prolog, GKS und X-Window entwickelt wurde.

1. Motivation

Die Kenntnis der hierarchischen Strukturen von komplexen, graphischen Objekten ist für die interaktive Analyse und Bearbeitung der Objekte im allgemeinen von großer Bedeutung. Diese Informationen sind aber in der Regel für einen Benutzer nicht direkt aus den rechnerinternen Darstellungen der Objekte ableitbar. Ziel ist es, diese Informationen aus einer deklarativen Beschreibung der graphischen Objekte zu gewinnen und in einer übersichtlichen, vom Systembenutzer leicht zu interpretierenden Form als Graph darzustellen (*Wissensvisualisierung*). Zudem soll der Benutzer dadurch unterstützt werden, daß das System die Möglichkeit bietet, sogenannte "graphische Restriktionen" (*constraints*) als Merkmale in der Objektbeschreibung zu hinterlegen und die automatische Einhaltung dieser Restriktionen zu garantieren.

Als Grundlage für die Implementierung des Graphikeditors schien uns das System *MGL* [1] geeignet. MGL erlaubt mit Hilfe logischer Programmierung komplexe, graphische Objekte zu modellieren und Operationen auf diesen durchzuführen. Eine deklarative Beschreibungsform soll ein schrittweises Entwerfen der Objekte erlauben und - auch für noch nicht vollständig definierte Objekte - leicht von einem graphischen System zu interpretieren sein.

Der Graphikeditor ermöglicht simultane Manipulationen an den MGL-Modellen und dem Graphen der Modelle. Für den Benutzer bedeutet dies, daß er grundsätzlich beides - die Zeichnung selbst **und** die zugrundeliegende, als Graph dargestellte Struktur der Zeichnung - auf dem Bildschirm sieht und manipulieren kann.

2. Anforderungen an den Graphikeditor

Ziel ist die bestmögliche Unterstützung eines Benutzers bei der Erstellung von Graphiken. Dazu soll der Graphikeditor zusätzlich zu den üblichen Zeichentechniken die beiden folgenden Funktionalitäten anbieten:

1. "Wissen" über eine Graphik soll sowohl Strukturwissen als auch Wissen über Eigenschaften bestimmter Teile der Graphik beinhalten. Dies bedeutet, daß z.B. ein hierarchischer Aufbau der Graphik auch in der rechnerinternen Repräsentation dieser Graphik erfaßt sein muß. Außerdem sollen Teile der Graphik mit Attributen versehen werden können. Diese Attribute sollen sowohl "graphische Eigenschaften" - wie Farbe, Größe, usw. - sein können, als auch Restriktionen, die der Benutzer frei definieren kann.

2. Dem Benutzer sollen (graphisch-interaktive) Hilfsmittel zur Verfügung stehen, die ihm das Verständnis und die Manipulation der graphischen Wissensstrukturen erleichtern.

Als Grundlage zur Realisierung eines solchen Graphikeditors dient das MGL-System, das im nächsten Kapitel etwas näher erläutert wird. Die Voraussetzungen, sogenannte graphische Restriktionen (*constraints*) zu verarbeiten, bietet das MGL-System unserer Meinung nach bereits, obwohl in der ursprünglichen Version nur die Behandlung von GKS-Primitiva als Attribute vorgesehen war. Eine erste Prototypimplementierung, die es ermöglicht Zeichnungsvarianten nach Maßgabe einiger Randbedingungen automatisch zu erstellen, wurde realisiert, jedoch eine vollständige Implementierung, die beliebige Restriktionen erlaubt, liegt zur Zeit noch nicht vor. Wir wollen nur einige Überlegungen über auftretende Probleme und Lösungsmöglichkeiten erwähnen. Der eigentliche Gegenstand dieser Arbeit soll aber eine Komponente zur Wissensvisualisierung sein, die eine Erweiterung des bereits bestehenden Systems darstellt. Wir verstehen den vorliegenden Prototyp, bestehend aus erweiterter MGL-Komponente und Komponente zur Wissensvisualisierung, als intelligenten Graphikeditor.

2.1. Gewünschte Funktionalität der Visualisierungskomponente

Die Visualisierungskomponente soll aus einer MGL-Darstellung einer Zeichnung einen entsprechenden Graphen erzeugen. Veränderungen der Zeichnung sollen die entsprechenden Änderungen des Graphen verursachen und umgekehrt. Dazu müssen die folgenden Funktionalitäten gefordert werden:

- Erzeugen der Informationen für die Graphenerstellung aus den MGL-Bilddaten in der Datenbasis.

- Erzeugen der graphischen Grundelemente zur Graphenerstellung.

- Erzeugen der MGL-Daten zur Beschreibung des Graphen aus den obigen Zwischeninformationen

- Interaktion zur Manipulation des Graphen

- Manipulationen am Bild verursachen Änderungen der Bildinformationen **und gleichzeitig** Änderungen der MGL-Informationen des Graphen.
- Manipulationen am Graphen verursachen Änderungen im MGL-Modell und damit Änderungen in der dargestellten Graphik.

3. Logische Modellierung graphischer Objekte: MGL

Hier werden nur kurz die Basiskonzepte des MGL-Systems und die Wissensrepräsentation erklärt, soweit sie zum Verständnis dieser Arbeit von Bedeutung sind. Detaillierte Beschreibungen von MGL (Modelacao Grafica em Logica) sind in [1] und [2] zu finden.

Genaugenommen ist MGL eine objekt-orientierte Erweiterung der Sprache PROLOG. MGL besitzt jedoch einige Vorteile, die uns dazu veranlaßten, es anderen objekt-orientierten Ansätzen zur Wissenrepräsentation vorzuziehen. Diese Vorteile beruhen auf der Tatsache, daß MGL **speziell** zur Repräsentation **graphischer Objekte** entworfen wurde. Der auffälligste Unterschied besteht sicherlich darin, daß MGL eine sogenannte *part-of-Hierarchie* anbietet, während in anderen objekt-orientierten Ansätzen üblicherweise eine *is-a-Hierarchie* (Spezialisierungshierarchie) realisiert wird. Macht man sich klar, daß (komplexe) graphische Objekte gewöhnlich aus mehreren einfacheren Objekten zusammengesetzt werden, dann erscheint der MGL-Ansatz sinnvoll.

Ein weiterer, wesentlicher Vorteil von MGL ist, daß es sowohl als interaktive Schnittstelle, als auch als Programmierschnittstelle konzipiert wurde. Dies hat zur Konsequenz, daß graphische Objekte schnell interaktiv entworfen und modifiziert werden können, aber die gleiche Entwurfs- und Modifikations-Schnittstelle genauso in einem Anwendungsprogramm benutzt werden kann.

3.1. MGL-Modelle, Familien und graphische Objekte

Die hier beschriebene Darstellungsform wurde erarbeitet, um graphische Objekte leicht interaktiv zu beschreiben. Vor allem sollen Eigenschaften von Objekten während der schrittweisen Entwicklung einer Zeichnung in Wert, Typ und Anzahl der Attribute definiert, bzw. geändert werden können.

Basiskonzept der Modellierung von Graphik in MGL ist die Zusammenfassung von graphischen Objekten zu Familien mit einem einheitlichen Modell. Es werden nur Informationen über die Modelle der Familien dargestellt (Attribute, Zusammensetzung aus Objekten weniger komplexer Familien). Informationen über die Existenz und Eigenschaften von graphischen Objekten werden daraus abgeleitet.

Das Modell einer MGL-Familie [2] wird in Prolog durch *instance/3-*, *attribute/2-* und *graphics/2*-Deklarationen dargestellt.

```
instance(Komponente::Matrix,Familie,Lokale_Attribute).
attribute(Familie,Attribut:=Wert).
graphics(Familie,Graphik_Prädikat).
```

Die Referenz auf die Familie, zu der die einzelne Modelldeklaration gehört, wird nur durch einen dem Familiennamen entsprechenden Prologterm hergestellt. Die Verwendung gleicher Namen in mehreren Deklarationen bedeutet daher immer die Erweiterung des Modells der Familie und nicht etwa die Deklaration mehrerer Familien mit dem gleichen Namen.

Eine Familie existiert, wenn das Modell der Familie existiert oder wenn ein Objekt der Familie als Komponente in einem anderen Modell referenziert wird.

Ein Objekt einer Familie existiert in einem Modell, wenn es als direkte oder transitive Komponente in dem Modell referenziert wird. Ein Objekt der Familie **F1** wird durch eine Relation

instance(F1::Tm,F2,LA)

als direkte Komponente im Modell der Familie **F2** deklariert. Der Name dieses Objektes ist dann

F1::Tm

Ein Objekt der Familie **F1** ist transitive Komponente in einem Modell der Familie **F3**, wenn es in dem Modell der Familie **F3** ein Objekt **F2::TK2** [1] gibt und in dem Modell der Familie **F2** eine Komponente **F1::Tm** gibt. Der Name des Objektes der Familie **F1** in dem Modell der Familie **F3** ist dann

F1::Tm@TK2.

Auf diese Weise kann die Existenz von Objekten über mehrere Hierachiestufen von Komponenten in einem Modell definiert sein. Die Namen der Objekte werden jeweils aus dem Familiennamen und der Verkettung der Transformationsmatrizen in das jeweils komplexere Modell konstruiert.

Beispiel 3.1-1 :

Durch die Deklarationen

    instance(inclined :: tm(5,0,-25,0,1,3),roof,[]).
    instance(inclined :: tm(-5,0,35,0,1,3),roof,[]).
    instance(roof :: id,house,[line_type:=3]).
    instance(box :: tm(1,0,4,0,1,1),house,[line_type := 3]).
    instance(box :: tm(1,0,6,0,1,1),house,[]).
    instance(cup :: tm(8,0,-23,0,3,-2),house,[line_type:=1]).
    instance(cup :: tm(1,0,0,0,-2,5),house,[]).
    instance(house :: id,2,[]).
    instance(house :: tm(0.500000,0,1,0,1,5),2,[]).

werden in dem Modell der Familie **roof** die Objekte

    inclined :: tm(5,0,-25,0,1,3) und
    inclined :: tm(-5,0,35,0,1,3)

deklariert.(Bild 3.1-2)

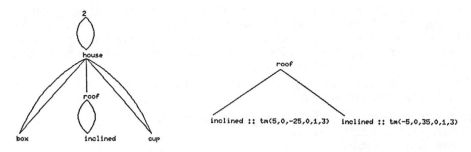

Bild 3.1-1 Modellgraph Bild 3.1-2 Objektbaum des Modells der Familie **roof**

In dem Modell der Familie **house** sind die Objekte

---

[1] wobei TK2 sowohl eine einfache Transformationsmatrix als auch die Verkettung mehrerer Transformationsmatrizen sein kann.

inclined :: tm(5,0,-25,0,1,3)@id,
inclined :: tm(-5,0,35,0,1,3)@id,
roof :: id,
box :: tm(1,0,4,0,1,1)

usw. deklariert.(Bild 3.1-3)

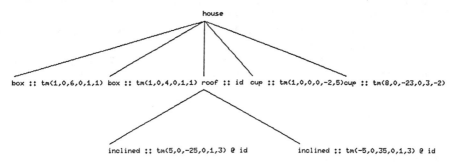

Bild 3.1-3 Objektbaum des Modells der Familie **house**

Die Darstellungsfläche eines graphischen Ausgabegeräts wird als *Metaobjekt Szene* referenziert. Für Objekte, die als Komponenten im dem Modell eines Metaobjektes Szene deklariert sind, kann eine graphische Darstellung generiert werden, wenn es sich um Objekte einer Basisfamilie handelt, für die *graphics/2*-Deklarationen existieren oder wenn das Modell der Familie des Objektes Komponenten von Basisfamilien enthält.

Es können aber auch MGL-Familien referenziert werden, die nicht Basisfamilien sind und für die keine Modelldeklarationen existieren. In der Regel handelt es sich dabei um Familien, die vom Standpunkt einer Anwendung noch nicht vollständig definiert sind. Formal sind diese Familien und alle Objekte der Familien aber vollständig und in sich konsistent in Bezug auf alle Prädikate des MGL-Systems. Ein MGL-Modell ist konsistent gegenüber einer Manipulation, wenn die Manipulation an dem Modell eine veränderte graphische Darstellung erzeugt, die genau der Darstellung entspricht, die bei einer Neugenerierung der graphischen Darstellung des manipulierten Modells entstehen würde.

3.2. Variantenbildung durch Parametrisierung von Modellen

Die Namen der Familien sind für den Entwerfer eines Modells frei wählbar. Mnemonische Bezeichner sind genauso möglich wie Zahlen oder willkürliche Zeichenkombinationen. Die einzige Einschränkung ist, daß verschiedene Familien verschiedene Namen haben müssen, da alle Verweise über den Familiennamen realisiert sind. In einer Implementierung des Systems in Prolog entspricht ein Familienname syntaktisch einem Term. Dies ermöglicht die Bildung von Varianten von Familien durch die Verwendung von Ausdrücken mit freien Variablen als Namen in Deklarationen.

Beispiel 3.2-1

```
graphics(name(Text),g_tx(0:0,Text))
attribute(object(Type),line_type:=Type)
instance(teil(N)::id,complex(N),[]).
```

Neben der Prototypmodellierung ein weiterer interessanter Aspekt der Parametrisierung ist die Zusammenfassung von verschiedenen Familien mit unterschiedlichen Modellen zu einer Klasse von anolog zu behandelden Objekten.

Beispiel 3.2-2

Objekte der Familien **bausatz(haus)** und **bausatz(auto)** können gemeinsam als **bausatz/1** verarbeitet werden:

work(bausatz(O)::T)

Die verschiedenen Konzepte der Parametrisierung und das Arbeiten mit parametrisierten MGL-Modellen werden ausführlich in [3] diskutiert.

Parametrisierung von Modellen ist oft naheliegend bei automatischer Generierung und Verarbeitung von MGL-Modellen. Vorteile bei dieser Art der Modellierung sind insbesondere die explizite Formulierung von semantischen Beziehungen zwischen Modellvarianten, Speicherplatzersparnis und einfaches Ver- und Entschlüsseln von Daten in Namen von Familien und Objekten.

Ein Beispiel für parametrisierte Modellierung ist der Aufbau und die Bearbeitung eines Graphen in der Visualisierungskomponente dieses Graphikeditors.

3.3. Attribute und Restriktionen

Attribute sind Eigenschaften von Objekten, die zunächst unabhängig von der Zugehörigkeit zu einer Familie sind. Bei der Zusammenfassung der Objekte zu Familien wird man oft berücksichtigen, daß bestimmte Attribute für die Objekte einer Familie den gleichen Wert haben. Diese Attribute werden als für die Familie *spezifisch* bezeichnet. Andere Attribute dagegen sind für jedes Objekt einer Familie möglicherweise verschieden. Die Einordnung von Attributen als familien- oder objektspezifisch ist ebenso wie die Strukturierung von Modellen anwendungsabhängig. Familienspezifische Attribute werden auch als *globale Attribute* bezeichnet. Jedes globale Attribut einer Familie muß durch jeweils eine *attribute/2*-Deklaration spezifiziert werden. Objektspezifische Attribute einer direkten Komponente in einem Modell werden als *lokale Attribute* bezeichnet. Alle lokalen Attribute einer Komponente werden in einer Liste in der *instance/3*-Deklaration zur Spezifikation der Komponente angegeben. Die Vererbungsstrategie die die Priorität der Attribute für die graphischen Objekte steuert, läßt sich durch die folgenden Aussagen charakterisieren:

- Der globale Wert eines Attributs einer Familie gilt für alle Ausprägungen des Modells einer Familie, für die nicht ein lokaler Wert für dieses Attribut gesetzt wurde.

- Der Wert eines Attributes eines komplexen Objekts gilt für alle Ausprägungen der Familie, für die nicht ein globaler oder lokaler Wert für dieses Attribut gesetzt wurde.

Restriktionen, die bei der Bearbeitung von MGL-Objekten zu berücksichtigen sind, können wie graphische Eigenschaften als lokale oder globale Attribute spezifiziert werden. Es kann dabei für jeden selbstdefinierten Attributwert oder Restriktion ein Umsetzungsprädikat für die Ausgabegenerierung definiert werden. Bei Restriktionen, die auf diese Weise spezifiziert werden, handelt es sich formal um Attribute, für die die oben beschriebenen Vererbungsstrategien gelten.

Beispiel 3.3-1

attribute(object,max_height:=7.5)
attribute(complex,max_height:=2.5)
instance(object::id,complex,[]).

Eine weitere Technik, Objekten und Familien Restriktionen zuzuordnen, ist die Parametrisierung der Familiennamen. Die Bedeutung der Parameter als Restriktion kann dabei durch eine geeignete Strukturierung dargestellt werden. Ohne eine solche Maßnahme kann es möglicherweise zu Fehlinterpretationen bei der Auswertung kommen. Restriktionen, die als Parameter im Namen angegeben werden, unterliegen nicht automatisch der Vererbungsstrategie der Attribute.

Beispiel 3.3-2
　　instance(object(max_height(7.5))::id,complex(max_height(7.5)),[]).

4. Aufbau der Visualisierungskomponente

Die Visualisierungskomponente besteht aus einem MGL-basierten Kernsystem GRAPH [4] zur Darstellung hierarchischer Strukturen als Graph. Zur Darstellung des Graphen wird ein MGL-Modell erzeugt. Die Funktionalität von GRAPH ist aber nicht auf die Darstellung von MGL-Relationen beschränkt. Bei der Erzeugung des Graphen werden neben ausgaberelevanten Daten Deklarationen zur Beschreibung der Relationen angegeben.

Beispiel 4-1

Zur Generierung eines Graphen, der die Struktur des in der logischen Datenbasis befindlichen MGL-Modells beschreibt (Bild 4-1), werden die folgenden Deklarationen benutzt:

　　ex(O,exist_family(O))
　　rel(O1,O2,instance(O1::_,O2,_)).

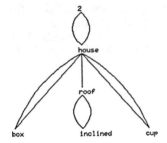 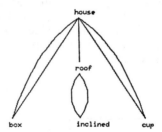

Bild 4-1 Modellgraph zu Bsp.3.1-1　　Bild 4-2 Durch Bsp.4-2 eingeschränkter Graph

Dieses Konzept der Deklaration von Elementen und Relationen bietet die Möglichkeit, sich bei der Darstellung der MGL-Relationen auf einen Ausschnitt der logischen Datenbasis zu beschränken.

Beispiel 4-2

Durch die Deklarationen

　　ex(O,(exist_family(house),O=house;part_of(O::_,house))
　　rel(O1,O2,instance(O1::_,O2,_)).

wird z.B. spezifiziert, daß der zu erzeugende Graph die Struktur des Modells der Familie **house** darstellt (Bild 4-2).

Beispiel 4-3

Durch die Deklarationen

　　ex(O,(exist_family(O))
　　rel(O1,O2,instance(O1::_,O2,[line_type:=N])).

wird dagegen spezifiziert, daß der Graph nur die Relationen darstellt, in denen lokal ein Linientyp einer Komponente vereinbart wird (Bild 4-3).

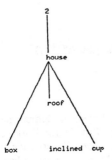

Bild 4-3 Durch Bsp.4-3 eingeschränkter Graph

Die Schnittstelle des GRAPH-Systems umfaßt Prädikate zur Erzeugung von Graphen, zur Markierung von Kanten und zur Umpositionierung von Knoten. Weitere Prädikate zur Manipulation des MGL-Modells des Graphen werden durch das GRAPH-System nicht spezifiziert. Das Modell des Graphen kann ganz allgemein durch die Prädikate der MGL-Schnittstelle manipuliert werden. In der Regel empfiehlt sich jedoch die Spezifikation einer der Relation entsprechenden Schnittstelle, die die Manipulation des Modells des Graphen koppelt mit Manipulationen an den Daten der Elementmenge bzw. der Relationen.

Eine solche Schnittstelle wurde in dem Prototyp des Graphikeditors realisiert für die quasi-simultane Manipulation von MGL-Modellen und dem Graphen, der die hierarchische Struktur der MGL-Familien des Modells beschreibt. Dieser Teil der Visualisierungskomponente ist verantwortlich für die Erhaltung der Analogie zwischen dem Modell und dem Graphen.

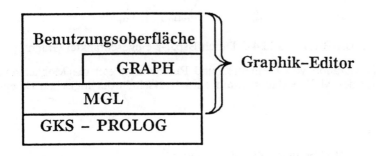

Bild 4-4 Aufbau des Graphikeditors und der Visualisierungskomponente

5. Darstellung hierarchischer Strukturen mit GRAPH

5.1. Funktionalität von GRAPH

Das System GRAPH [4] ermöglicht die Konstruktion und Manipulation von Graphen zur Darstellung von Relationen, die eine nicht reflexive, partielle Ordnung auf einer endlichen Menge von Elementen definieren.

Die Elemente der Menge werden als Knoten des Graphen betrachtet und durch einen, der Elementbezeichnung ensprechenden Textstring dargestellt. Analog der partiellen Ordnung, die durch die Relation definiert wird, werden die Knoten auf verschiedenen Ebenen eines Rasters angeordnet:

- Ein Element, das "*kleiner*" ist als ein anderes Element, muß sich auf einer niedrigeren Ebene befinden.

- Für Elemente, die sich auf der gleichen Ebene befinden, ist keine Ordnung definiert.

Die Relationen werden in dem Graphen durch gerichtete Kanten dargestellt. Momentan wird die Orientierung der Kanten nicht graphisch dargestellt, sie ergibt sich aber eindeutig durch die Anordnung der Knoten auf den Ebenen entsprechend der Ordnungsrelation.

Die Ordnungsbeziehung zwischen zwei Elementen kann durch mehrere Relationen, die sich auf diese Elemente beziehen, gleichzeitig definiert sein. Z.B. kann eine Teilobjektbeziehung mehrfach bestehen, um auszudrücken, daß ein komplexes Objekt aus mehreren Komponenten der Teilobjektfamilie besteht:

Beispiel 5.1-1

       instance(box :: tm(1,0,4,0,1,1),house,[]).
       instance(box :: tm(1,0,6,0,1,1),house,[]).

Dies kann in der Visualisierungskomponente durch mehrere, nicht deckungsgleiche Kanten zwischen den Knoten ausgedrückt werden.

Es besteht die Möglichkeit der Markierung von Kanten. Dies ist oft angebracht, um verschiedene Kanten zwischen denselben Knoten zu unterscheiden oder auch um dem Systembenutzer zusätzliche Informationen, die durch die Relation neben der Ordnungsbeziehung definiert werden, zugänglich zu machen.

Der Graph wird unter Benutzung des MGL-Systems als MGL-Modell realisiert. Das System GRAPH ist grundsätzlich dazu geeignet, Strukturen auf MGL-Modellen darzustellen, es ist jedoch aus verschiedenen Gründen nicht möglich, mit Hilfe des Systems die Strukturen eines MGL-Modells eines solchen Graphen darzustellen. Ebenso können nicht gleichzeitig mehrere Graphen z.B. zur Beschreibung verschiedener Strukturen auf denselben Daten durch MGL-Modelle dargestellt werden.

Der Graph kann manipuliert werden, indem Knoten unter Beachtung der obigen Bedingung bzgl. der Anordnung auf den Ebenen umpositioniert werden. Dabei wird intern die nötige Anpassung der Darstellung der betreffenden Kanten veranlaßt.

5.2. MGL-Modell eines Graphen

Bei der Generierung eines Graphenmodells können einige Aspekte unabhängig von den darzustellenden Daten betrachtet werden. Bei der konkreten Modellierung müssen diese jedoch berücksichtigt werden. Um den Graphen sinnvoll zu bearbeiten, müssen die Beziehungen zwischen den Darstellungskomponenten und den Daten rekonstruierbar sein. Aus diesen Gründen ist es naheliegend, semantisch analoge Familien mit parametrisierten Modellen zu konstruieren und Elemente sowie Relationen als Parameter zu benutzen. Prototypbildung ermöglicht dabei speicherplatzsparende Deklarationen. Bei Aufbau und Verarbeitung des Graphen sind gemeinsam nutzbare Algorithmen für einzelne Klassen von analogen Familien zu formulieren. Durch die Benutzung von strukturierten Namen mit freien Parametern erübrigen sich zeitaufwendige und stackbelastende Überprüfungen von Kriterien zum Gültigkeitsbereich der Algorithmen.

Das Modell eines Graphen wird folgendermaßen aus semantisch analogen Familien konstruiert (Bild 5.2-1):

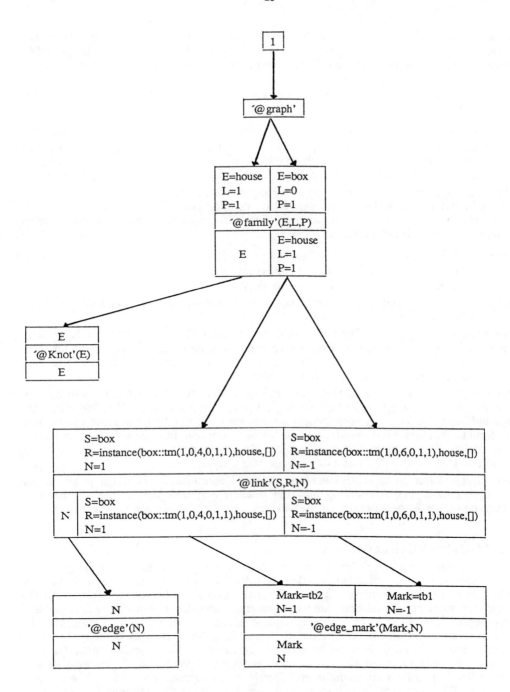

Bild 5.2-1 Struktur eines Graphen zur Darstellung der Beziehungen

instance(box::tm(1,0,4,0,1,1),house,[])
instance(box::tm(1,0,6,0,1,1),house,[])

- Höchste Komplexität hat eine Familie **'@graph'** , die den ganzen Graph repräsentiert.

- Auf der nächsten Komplexitätsstufe existiert für jedes Element der darzustellenden Menge eine komplexe Familie **'@family'(Element,Level,Pos)**. Jede dieser Familien repräsentiert das jeweilige Element als Knoten und alle Kanten, die von dem Element zu untergeordneten Knoten gehen.

- Die Komponenten dieses Modells sind ein Objekt einer Familie **'@knot'(Element)** zur Darstellung des Knotens und je eine Komponente für jede Kante, die von dem Knoten ausgeht.

- Jede Kante ist Objekt einer komplexen Familie **'@link'(Subelement,Relation,Nr)**, deren Modell aus einem Objekt zur Darstellung der Kantenlinie und aus einem Objekt zur Kantenmarkierung besteht.

5.3. Benutzungsoberfläche des GRAPH-Systems

Die Benutzungsoberfläche des GRAPH-Systems spezifiziert Prädikate zum Erzeugen eines Graphen, zur Umpositionierung der Knoten und zur Bearbeitung von Kantenmarkierungen.

Das Prädikat *create_graph(S,WV,R,Ex,Rel)* dient zur Erzeugung des Modells des Graphen und der Generierung der entsprechenden Ausgabe. Als Parameter werden neben ausgaberelevanten Daten eine Deklaration der Elementmenge sowie eine Deklaration der darzustellenden Relation angegeben. Auf die Deklaration der Kantenmarkierungen wird bei der Erzeugung des Graphen zunächst verzichtet. Diese können später mit den entsprechenden Prädikaten ergänzt werden.

Für die Prädikate, die die Kantenmarkierung betreffen sowie für die Prädikate zur Umpositionierung von Knoten ist keine Deklaration der Relation oder der Elementmenge erforderlich, weil die entsprechenden Informationen bei der Erzeugung des Modells des Graphen mit abgelegt werden und dort zugreifbar sind.

Das Prädikat *node_pos(Knot,Level,Pos)* dient zur Abfrage der Knotenpositionierung. Die Prädikate *set_pos(Knot,Level,Pos)* und *set_node_level(Knot,Level)* ermöglichen die Umpositionierung eines Knotens. Dabei wird überprüft, ob die gewünschte Positionierung nicht der Hierarchie_Ordnung widerspricht. Das Prädikat *set_node_level/2* berechnet eine Position auf der angegebenen Ebene. Falls diese Position bereits von einem Knoten besetzt ist, führt dies zu einer Verschiebung aller Knoten rechts von der ermittelten Position.

Durch das Prädikat *pull_subnodes(Knot,Mode)* werden alle Kindknoten des angegebenen Knoten auf die jeweils höchste Ebene positioniert, die nicht zu Widerspruch mit der hierarchischen Ordnung der Knoten führt. Im Modus **dir** wird dies nur für die direkten Kindknoten, im Modus **rec** auch für die indirekten Kindknoten durchgeführt. Es kann zu Verschiebungen der Knoten auf den einzelnen Ebenen kommen.

Die Prädikate *shift_level_nodes(Level,Pos,Shift)* und *shift_nodes(Pos,Shift)* dienen zur Verschiebung aller Knoten, bzw. aller Knoten einer Ebene rechts von der angegebenen Position. Falls es nicht zu Überlagerungen kommt, sind auch negative Verschiebungen (nach links) möglich.

Das Prädikat *mark_edge((Edge,N),Mark)* erzeugt eine Markierung an der spezifizierten Kante. Das Prädikat *shift_mark((Edge,N),Shift)* verschiebt eine existierende Markierung in der Höhe entlang des Kantenverlaufes. Das Prädikat *replace_mark((Edge,N),Old,New)* ersetzt eine existierende Markierung durch eine neue. Das Prädikat *delete_mark((Edge,N),Mark,Pos)* löscht eine existierende Markierung.

6. Benutzungsoberfläche des Graphikeditors

Wie auch die Schnittstelle des MGL-Systems und des Systems GRAPH können auch die Prädikate der Benutzungsoberfläche des Graphikeditors sowohl interaktiv wie auch in Prolog-Programmen [5] benutzt werden. Ein Benutzer des Editors hat so die Möglichkeit, eine seinen Anforderungen entsprechende Oberfläche des Editors zu gestalten.

Die Basisschnittstelle des Graphikeditors umfaßt vier Gruppen von Prädikaten:

- Die Prädikate des GRAPH-Systems zur Erzeugung eines Graphen, Kanten-markierung und Umpositionierung von Knoten [4]
- Die Prädikate des MGL-Systems zum Verschieben bzw. Skalieren des ganzen Graphen sowie zur Selektion von MGL-Objekten.
- Eingabeprädikate z.B. zur Werteingabe oder Punkteingabe
- Ein Prädikat zur quasi-simultanen Manipulation von MGL-Modellen und dem Graph, der die hierarchische Struktur der Modelle beschreibt.

Das Prädikat *change_mgl/5* zur quasi-simultanen Manipulation ist Teil der Komponente zur Wissensvisualisierung. Mögliche Manipulationen sind die in [1] und [2] beschriebenen Aktionen auf MGL-Modellen wie Transformationen, Einfügen und Löschen von Komponenten usw. Das Prädikat benutzt einen, dem Aufruf der MGL-Aktion entsprechenden Term als Argument. Auf diese Weise sind alle Parameter der gewünschten Aktion spezifiziert. Weitere Argumente des Prädikates werden benutzt zur Spezifizierung der Komponenten des Graphen vor und nach Durchführung der Aktion:

change_mgl(Old_Edge,Old_Mark,MGL_Action,New_Edge,New_Mark).

Bei den Prädikaten der MGL-Aktionen ist es nicht nötig, alle Argumente vollständig zu instantiieren. Notwendig sind Argumente zur Spezifizierung der Aktion wie Fixpunkt, Skalierungsfaktoren, neue Familien etc. Zu unvollständigen Angaben über die zu manipulierenden Objekte werden passende Unifizierungen gesucht. Das gleiche Prinzip wird bei Aufrufen des Prädikates *change_mgl/5* benutzt. Auf diese Weise kann mit einer Prädikatschnittstelle die Funktionalität in zwei Richtungen erreicht werden:

- Das Prädikat wird für ein bestimmtes MGL-Objekt aufgerufen und die entsprechende Komponente des Graphen wird ermittelt.
- Eine Komponente des Graphen wird spezifiziert und das entsprechende MGL-Objekt wird gesucht.

Daneben ist es natürlich möglich, sowohl das MGL-Objekt wie auch den Graphen zu spezifizieren und dadurch Kontrollen oder Einschränkungen zu formulieren. Eine weitere Anwendungsmöglichkeit ist, beides unvollständig zu instantiieren und passende Unifizierungen zu suchen.

Die Auswirkungen eines Aufrufes des Prädikats *change_mgl/5* auf den Graphen sind abhängig von der Art der MGL-Aktion:

- Transformationen und Änderungen der lokalen Attribute eines graphischen Objekts verursachen Änderungen der entsprechenden Kantenmarkierungen,
- Löschen von Graphischen Objekten verursacht das Löschen der entsprechenden Kanten und unter Umständen auch das Löschen von Knoten
- Einfügen einer Familie erzeugt einen neuen Knoten auf der untersten Hierarchie-ebene.
- Einfügen eines Objekts verursacht das Einfügen einer weiteren Kante. Eventuell ist ein Auseinanderziehen des Graphen in horizontaler Richtung zur besseren Übersichtlichkeit oder in vertikaler Richtung zur Erhaltung der hierarchischen Anordnung nötig.

- Umbenennen eines graphischen Objekts verursacht das Einfügen eines weiteren Knotens und der von diesem Knoten ausgehenden Kanten. Die Kante zu dem Knoten der Familie des umbenannten Objekts wird gelöscht und eine Kante zu dem neuen Knoten erzeugt. Falls es jedoch kein weiteres Objekt der Familie gibt, müssen Knoten und Kanten nur umbenannt werden.

7. Beispiele

Hier soll die Benutzung der Schnittstelle des Graphikeditors sowohl als interaktive Benutzungsoberfläche wie auch als Programmierschnittstelle an einigen Beispielen demonstriert werden. Beispiele für die Modellierung von Graphik mit dem MGL-System und speziell über die Auswirkungen von Modelländerungen auf die graphische Darstellung finden sich in [2].

Beispiel 7-1

Zu den Deklarationen aus Beispiel 3.1.-1 wird der Modellgraph durch den Aufruf des folgenden Prologprädikates erzeugt.

?-   create_graph(1,wv(0:0,100:100,0:0,1:1),(2,3,10),

ex(X,exist_family(X)),
rel(F1,F2,instance(F1::_,F2,∠))).

Der so erzeugte Graph enthält noch keine Kantenmarkierungen. Sinnvoll zur Identifizierung von Kanten zwischen denselben MGL-Familien sind Transformationsmatrizen und lokale Attributlisten. Da diese aber in der Regel zuviel Raum beanspruchen, werden in der Praxis meistens mnemonische Namenskonstanten benutzt. Diese Namen können den Kanten mit dem Prädikat *mark_edge/2* zugeordnet werden.

Beispiel 7-2

?-   mark_edge((box,instance(box::tm(1,0,6,0,1,1),house,[]),1),tb1).

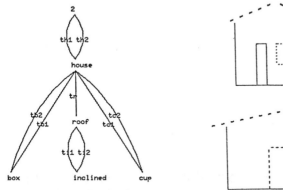
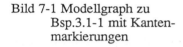
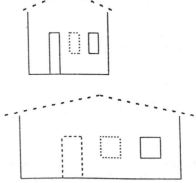

Bild 7-1 Modellgraph zu   Bild 7-2 Durch Bsp.3.1-1 deklarierte Ausgabe
Bsp.3.1-1 mit Kanten-
markierungen

Werden alle Argumente eines Prädikates interaktiv instantiiert, ist dies recht aufwendig und keinesfalls benutzerfreundlich. Durch die Fähigkeit von Prolog zu freien Variablen oder zu strukturierten Termen mit Variablen passende Unifizierungen zu finden, hat ein interaktiver Benutzer aber die Möglichkeit, sich auf die Instantiierung einer minimalen Anzahl ihm bekannter Parameter zu beschränken, die die gewünschte Unifizierung in der augenblicklichen Umgebung eindeutig spezifizieren.

Beispiel 7-3

```
?-   mark_edge((box,R,1),tb1).
     R=instance(box::tm(1,0,6,0,1,1),house,[])
     yes
```

oder alternativ

```
?-   mark_edge((S,instance(box::tm(1,0,6,0,1,1),house,[]),N),tb1).
     S=box
     N=1
     yes
```

Analog wird bei der quasi-simultanen Manipulation verfahren. Die Kriterien, welche Parameter interaktiv instantiiert werden, sind auch hier:

- Welche Kombinationen von Instantiierungen sind hinreichend für eine eindeutige Spezifizierung bei dem aktuellen Zustand der Datenbasis.
- Welche Parameterwerte sind dem Benutzer bekannt.
- Welche Angaben sind mit möglichst wenig Aufwand verbunden.

Beispiel 7-4

```
?-   change_graph(E,tb1,shift(box::T,2,0,I,NObj),NE,tb_n).
     E=(box,instance(box::tm(1,0,6,0,1,1),house,[]),1)
     T=tm(1,0,6,0,1,1)@id
     I=i(house,_1233,[])
     NO=box::tm(1,0,8,0,1,1)@id
     NE=(box,instance(box::tm(1,0,8,0,1,1),house,[]),1)
     yes
```

In dem obigen Beispiel wurde die Kantenmarkierung vor der Manipulation als Auswahlkriterium benutzt. Eine andere Verwendungsmöglichkeit für diesen Parameter ist die Formulierung der Kantenmarkierung nach der Manipulation in Abhängigkeit von der vorherigen Markierung:

Beispiel 7-5

```
?-   change_graph((box,E,1),OM,shift(O,2,0,I,NO),NE,(NM,concat([OM,'*'],NM))).
     E=instance(box::tm(1,0,6,0,1,1),house,[])
     OM=tb1
     O=box::tm(1,0,6,0,1,1)@id
     I=i(house,_1233,[])
     NO=box::tm(1,0,8,0,1,1)@id
     NE=(box,instance(box::tm(1,0,8,0,1,1),house,[]),1)
     NM=tb1*
     yes
```

Durch Kombinationen mit graphischen Eingabeprädikaten oder Prädikaten, die auf Anwendungsdaten zugreifen, lassen sich leicht komplexe, benutzerfreundliche und anwendungsorientierte Schnittstellen konstruieren.

Beispiel 7-6

Das Prädikat *do_shift/2* ist Komponente einer Schnittstelle, mit der ein graphisches Objekt ausgewählt und manipuliert wird. Die zu verändernde Modelldeklaration kann durch Auswahl einer Kante des Graphen oder einer Bildkomponente bestimmt werden. Dadurch bedingte Unterschiede im Aufruf des Manipulationsprädikates werden durch das Prädikat *mk_shift/5* verdeckt.

```
do_shift(OM,New_mark):-

    select_object(Obj),
    get_vector([V1x:V1y,V2x:V2y],'shift vector'),
    Dx is V2x-V1x,
    Dy is V2y-V1y,
    mk_shift(Obj,Dx,Dy,OM,New_mark).

mk_shift(Obj,Dx,Dy,OM,New_mark):-

    not_graph(Obj),
    change_graph(_,OM,shift(Obj,Dx,Dy,_,NObj),_,New_mark).

mk_shift(Obj,Dx,Dy,OM,New_mark):-

    Obj='@link'(S,E,N)::T,!,
    change_graph((S,E,N),OM,shift(_,Dx,Dy,_,_),NE,New_mark).
```

Beispiel 7-7

An einem Werkstück der Familie **objekt** sollen einzelne Aktionen jeweils nur für bestimmte Komponenten zulässig sein, z.B. läßt sich eine Komponente **schalter::T** nur in bestimmte Positionen verschieben. Jede Komponente **knopf::T** des Werkstückes ist nur um einen komponentenabhängigen Fixpunkt drehbar. Diese Restriktionen sind jeweils als Attribute in der Modelldeklaration spezifiziert.

```
change_object:-

    select_object(Obj),
    part_of(Obj,objekt::_),
    mk_change(Obj).

mk_change(schalter::T1@T):-

    instance(schalter::T1,objekt,LA),
    member(range:=Range,LA),
    get_shift(Range,T1@T,Dx,Dy,Mark),
    change_graph(_,_,shift(schalter::T1@T,DX,DY,i(objekt,_,LA),_),_,Mark).

mk_change(knopf::T1@T):-

    instance(knopf::T1,objekt,LA),
    member(fix:=FP_rel,LA),
    get_rotation(FP_rel,T1@T,FP,Phi,Mark),
    change_graph(_,_,rotate(knopf::T1@T,FP,Phi,i(objekt,_,LA),_),_,Mark).
```

8. Literatur

1. Prospero, M.J.: *Um estilo declarativo na Programacao Grafica Interactiva: analise e avaliacao baseadas em sistemas implementados com Prolog*, Universidade Nova de Lisboa, 1988

2. Schröder, H.: *Logische Programmierung von Graphik und Dialogen*, Diplomarbeit, Fachbereich Informatik, Technische Hochschule Darmstadt, 1989

3. Schröder-Bücher, H.; Giger, Ch.: *Parametrisierte MGL-Modelle*, Forschungs- und Arbeitsbericht, Fachbereich Informatik, Fachgebiet Graphisch-Interaktive Systeme, Technische Hochschule Darmstadt, GRIS 90-1

4. Schröder-Bücher, H.; Giger, Ch.: *GRAPH: Ein MGL-basiertes System zur Darstellung hierarchischer Strukturen*, Forschungs- und Arbeitsbericht, Fachbereich Informatik, Fachgebiet Graphisch-Interaktive Systeme, Technische Hochschule Darmstadt, GRIS 90-2
5. Clocksin, W.F.; Mellish, C.S.: *Programming in Prolog*, Springer Verlag 1984

Ein planbasierter Ansatz zur Synthese illustrierter Dokumente

Elisabeth André, Thomas Rist

Deutsches Forschungszentrum für Künstliche Intelligenz

Stuhlsatzenhausweg 3

D-6600 Saarbrücken 11

Zusammenfassung

Obwohl die Erzeugung illustrierter Dokumente in der KI-Forschung zunehmendes Interesse findet, werden in den meisten Systemen Text und Graphik weitgehend unabhängig voneinander aufgebaut und stehen daher beziehungslos nebeneinander. In dieser Arbeit[*] wird von der Überlegung ausgegangen, daß nicht nur die Erzeugung von Texten, sondern auch die Synthese illustrierter Dokumente als kommunikative Handlung zur Erreichung von Zielen aufgefaßt werden kann. Für die Realisierung eines Systems, das selbstständig illustrierte Dokumente erstellt, bietet sich daher ein planbasierter Ansatz an. Es wird zunächst gezeigt, daß die in der Textlinguistik gebräuchliche Unterscheidung zwischen Haupt- und Neben-handlungen auch für Text-Bild-Kombinationen geeignet ist. Von dieser Unterscheidung ausgehend werden Strategien formuliert, die sich sowohl auf die Erzeugung von Text als auch auf den Aufbau von Bildern beziehen. Die gemeinsame Planung von Text und Bild wird als grundlegende Voraussetzung angesehen, die beiden Modi in einem Dokument aufeinander abzustimmen.

1 Einleitung

Intelligente Benutzerschnittstellen als Komponenten von Hilfesystemen, Expertensystemen oder intelligenten Betriebswarten der nächsten Generation müssen in der Lage sein, vorliegendes Wissen auf flexible Weise in unterschiedlichen Präsentationssituationen jeweils angemessen darzubieten (vgl. [39]). Dazu gehört vor allem auch die Fähigkeit, Verbalisierungs- und Visualisierungsergebnisse in einer multimodalen Ausgabe zu integrieren. Ohne Zweifel läßt sich in vielen Fällen Information gegenüber rein textuellen Darbietungen präziser und wirkungsvoller durch integrierte Text-Bild-Präsentationen übermitteln. Beispiele sind etwa Gebrauchsanleitungen für technische Geräte oder Lehrbücher aus dem naturwissenschaftlichen Bereich, in denen zur Erklärung komplizierter Sachverhalte ausgiebig auf

---

[*] Die vorliegende Arbeit entstand im Rahmen des vom BMFT unter dem Förderkennzeichen ITW8901 8 geförderten Projekts WIP (Wissensbasierte Informationspräsentation).

graphische Illustrationen zurückgegriffen wird. Es wäre allerdings falsch, hieraus zu folgern, daß der gleichzeitige Einsatz der Modi Text und Bild zwangsläufig zum Gelingen des Kommunikationsprozesses beiträgt. So ist zu berücksichtigen, daß die Art der Verwendung eines Bildes nicht notwendigerweise aus dem Bildinhalt allein hervorgeht. Wittgenstein weist beispielsweise darauf hin, daß das Bild eines Boxers in Kampfstellung verwendet werden kann, um zu zeigen, wie sich ein Boxer halten sollte, wie er sich nicht halten soll oder wie ein bestimmter Mann irgendwo gestanden hat usw. (vgl. [43]).

Um sicherzustellen, daß ein Dokument verstanden wird, sind Text und Bild in geeigneter Weise aufeinander abzustimmen. Eine solche Abstimmung erfordert Kenntnisse über die Funktionen textueller und bildhafter Dokumentteile sowie Kenntnisse über die zwischen ihren Funktionen bestehenden Zusammenhänge. Dies gilt insbesondere dann, wenn wie in unserem Fall illustrierte Dokumente maschinell entworfen und realisiert werden sollen.

2 Stand der Forschung

Während die Verwendung von Text-Bild-Kombinationen innerhalb der KI-Forschung gerade erst zum Forschungsgegenstand wird, liegen zu dieser Problemstellung bereits mehrere Arbeiten aus den Disziplinen Philosophie, Linguistik und Psychologie vor, die in diesem Zusammenhang von Bedeutung sind.

Die Grundlage philosophischer und linguistischer Ansätze bildet meist ein Vergleich von Bild und Sprache. Goodmann (vgl. [18]) setzt sich mit dem Gegenstandsbezug von Bildern auseinander, indem er Bilder mit Namen und Kennzeichnungen vergleicht. Bennett (vgl. [6]) untersucht die Frage, inwiefern man Bildern, ähnlich wie Prädikationen, einen Wahrheitswert zuordnen kann. Vergleiche von Sprache und Bild, bezogen auf ihre Verwendung, finden sich in Wittgensteins Bildtheorie (vgl. [43]) und in Übertragungen der Sprechakttheorie auf Bilder (vgl. [23], [33] und [24]). Bei dem Entwurf einer Gebrauchstheorie für Bild und Sprache setzt sich Muckenhaupt für eine wechselseitige Betrachtungsweise ein: nicht nur Konzepte des sprachlichen Bereichs sollen als Vergleichsobjekte für den Bildbereich verwendet werden, sondern auch umgekehrt (vgl. [32]). Eine in vielen Arbeiten vertretene Auffassung ist die, daß ähnlich zur Sprache auch mit Bildern kommunikative Handlungen vollzogen werden können.

Gegenstand psychologischer Untersuchungen ist zum einen die Frage, inwieweit Bilder zum Verständnis von Texten beitragen (vgl. u.a. [10] und [41]), zum anderen das dazu duale Problem, nämlich der Einfluß von Texten auf das Verstehen von Bildern (vgl. u.a. [20] und [21]). Durch solche Untersuchungen werden Erkenntnisse über kognitive Verarbeitungsprozesse gewonnen, die dann insbesondere auch bei der Gestaltung illustrierter Dokumente Berücksichtigung finden können. Ein wichtiges Ergebnis ist die Feststellung, daß Text-Bild-Kombinationen nur dann von Vorteil sind, wenn Text und Bild sich gegenseitig ergänzen, d.h. zueinander komplementär sind. Bleibt hingegen die Beziehung zwischen Text und Bildern unklar, ist kein positiver Effekt auf die Verstehensprozesse beobachtbar (vgl. [5]). Weitere Arbeiten beschäftigen sich mit der Frage, welche Information eher durch Bilder, welche eher durch Text wiedergegeben werden sollte. Den Untersuchungen in [7] und [42] zufolge wird beispielsweise in Anweisungsdokumenten räumliche Information schneller erfaßt, wenn sie durch Bilder vermittelt wird, andererseits unterlaufen den Versuchspersonen in diesem Fall mehr Fehler beim Ausführen der Anweisungen.

Die in jüngster Zeit abgehaltenen Workshops über intelligente Benutzerschnittstellen (vgl. [38] und [40]) verdeutlichen, daß in der KI-Forschung zwar die Entwicklung von Systemen angestrebt wird, die Graphik und Text in Dokumenten integrieren, daß jedoch die beiden Modi noch weitgehend unabhängig voneinander behandelt werden. Eine naheliegende Vorgehensweise ist dabei, auf bestehende Ansätze zur Text- und Graphikgenerierung zurückzugreifen.

Einen Überblick über die wichtigsten Ergebnisse aus dem Bereich der Textgenerierung bieten u.a. [22] oder [45]. Ein auch für die vorliegende Arbeit relevantes Teilproblem ist die Festlegung von Inhalt und Struktur von Texten. Neben schemabasierten Ansätzen (vgl. [29], [28] und [34]) werden heute vor allem planbasierte Strategien (vgl. [3], [19] und [31]) als erfolgversprechend angesehen. Bei planungsbasierten Verfahren wird davon ausgegangen, daß ein Autor beim Erzeugen von Texten Handlungen vollzieht, um bestimmte Ziele zu erreichen (vgl. [36]). Von besonderem Interesse für die vorliegende Arbeit sind die Ansätze von Hovy, Moore und Swartout, da sich diese nicht nur mit der Generierung von Einzelsätzen, sondern vor allem auch mit der Generierung kohärenter Texte befassen. Dazu greifen sie auf die von Mann und Thompson vorgeschlagene RST-Theorie (vgl. [27]) zurück, die den Aufbau von Texten mit Hilfe sogenannter rhetorischer Relationen, wie z.B. *Elaboration* oder *Motivation*, beschreibt.

Die bisherigen Ansätze zur Graphikgenerierung lassen sich nach den zugrundeliegenden Zielsetzungen unterscheiden. Wichtige Arbeiten sind die Darstellung relationaler Information durch Business-Graphiken (vgl. [26]), die Synthese von Ikonen (vgl. [16]), die graphische Präsentation von Handlungsabfolgen (vgl. [15]), die Visualisierung natürlichsprachlicher Beschreibungen (vgl. [8] und [1]), die Generierung von mentalen Bildern (vgl. [25]) oder die Repräsentation des Wissens über graphische Präsentationstechniken durch semantische Netzwerke (vgl. [44], [17] und [4]).

Einer der wenigen Ansätze, bei denen eine Integration von Text und Graphik angestrebt ist, wird im RADIO-Projekt verfolgt (vgl. [14]). Nach der Dekomposition des Dialogziels in Teilziele entscheidet eine Koordinationskomponente, welche Ziele durch Text und welche durch Graphik wiedergegeben werden sollen. Einer nahtlosen Verzahnung der beiden Modi steht allerdings die Tatsache entgegen, daß derzeit die Teilziele noch unabhängig voneinander bearbeitet werden.

3 Die Handlungsstruktur von Text-Bild-Präsentationen

Ziel unserer Arbeit ist die Entwicklung eines Systems, das Dokumente erzeugt, in denen Text und Bild aufeinander abgestimmt sind. Ausgangspunkt unserer Überlegungen ist dabei die Sichtweise, daß nicht nur die Erzeugung von Texten, sondern auch die Erstellung von multimodalen Dokumenten als kommunikative Handlung aufgefaßt wird, durch deren Ausführung bestimmte Ziele erreicht werden sollen. Oft sind Ziele nicht unmittelbar durch die Ausführung einer Handlung zu erreichen, da die dazu notwendigen Voraussetzungen erst durch entsprechende untergeordnete Handlungen geschaffen werden müssen.

Darüberhinaus kann es sinnvoll sein, neben der eigentlichen Handlung weitere auszuführen, die zwar nicht unbedingt notwendig wären, jedoch unterstützende Wirkung haben. In Anlehnung an textlinguistische Arbeiten unterscheiden wir im folgenden zwischen *Haupt-* und *Nebenhandlungen*.[1] Nebenhandlungen unterscheiden wir weiter danach, ob sie zur Erreichung notwendiger Bedingungen dienen oder optionale Ergänzungen darstellen. Hierarchische Handlungsstrukturen ergeben sich dadurch, daß sich Nebenhandlungen wiederum aus Haupt- und Nebenhandlungen zusammensetzen können. Die Struktur eines Dokuments wird jedoch nicht nur durch die Handlungshierarchie bestimmt, sondern auch durch die funktionalen Beziehungen zwischen Haupt- und Nebenhandlungen und den Inhalten, die durch sie vermittelt werden. Beispielsweise kann man ein Bild durch Text erklären oder eine Folge von Ereignissen durch eine Bildsequenz wiedergeben. Zur Verdeutlichung der eben eingeführten Begriffe betrachten wir den in Abb. 1 dargestellten Dokumentausschnitt.

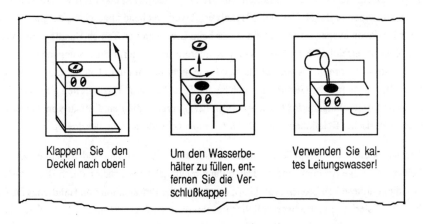

Klappen Sie den Deckel nach oben!

Um den Wasserbehälter zu füllen, entfernen Sie die Verschlußkappe!

Verwenden Sie kaltes Leitungswasser!

Abb. 1: Ausschnitt aus einer Gebrauchsanleitung einer Espressomaschine[2]

Mit diesem Dokumentsausschnitt wird das Ziel verfolgt, den Adressaten darüber zu informieren, wie der Wasserbehälter der Espressomaschine zu füllen ist. Dieses Ziel wird erreicht, indem man ihm mitteilt, welche Teilschritte er ausführen soll. Zunächst wird dem Adressaten explizit gesagt (Haupthandlung), daß der Deckel hochgeklappt werden soll, und mit einem Bild näher spezifiziert (Nebenhandlung), wie diese Handlung auszuführen ist. Bei der Herstellung des Bildes läßt sich ebenfalls unterscheiden zwischen einer Haupthandlung, nämlich dem Zeigen der Position des Deckels nach dem Hochklappen, und einer Nebenhandlung, der Darstellung des gesamten Geräts, um dem Adressaten die Orientierung zu erleichtern. Als nächstes wird der Adressat gebeten (Haupthandlung), den Verschluß des Wasserbehälters zu entfernen. Um diese Bitte zu motivieren, wird das Ziel, das Füllen des Wasserbehälters, genannt

---

[1] Die Unterscheidung zwischen Haupt- und Nebenhandlungen entspricht im wesentlichen den Unterscheidungen zwischen *global speech acts* und *subsidiary speech acts* bei Searle (vgl. [36]), *main speech acts* und *subordinate speech acts* bei van Dijk (vgl. [13]), *dominierenden* und *subsidiären Handlungen* bei Brandt et al. (vgl. [9]) sowie zwischen *nucleus* und *satellites* bei Mann und Thompson (vgl. [27]).

[2] Als Vorlage für den hier gezeigten Dokumentausschnitt wurde eine Gebrauchsanleitung für die Philips Espressomaschine HD 5649 zugrundegelegt.

(Nebenhandlung). Außerdem wird im dazugehörigen Bild gezeigt (Nebenhandlung), wie der Verschluß entfernt werden soll. Aus dem Bild geht hervor, daß der Deckel nach rechts gedreht und nach oben abgehoben werden soll. Der letzte Teil des Dokumentausschnitts ist ein Beispiel dafür, daß man auch jemanden implizit auffordern kann, etwas zu tun. Falls der Adressat weiß, daß die dargestellte Handlung zur Erreichung seines Ziels notwendig ist, genügt es offenbar, mit einem Bild zu zeigen (Nebenhandlung), wie das Einfüllen auszuführen ist. Der Text dient hier lediglich zur Ergänzung des Bildes. Er weist auf bildlich nicht darstellbare Details hin (Nebenhandlung), nämlich kaltes Leitungswasser einzufüllen. Die Haupthandlung, den Adressaten aufzufordern, mit einem Gefäß Wasser einzufüllen, folgt implizit aus dem situativen Kontext und den Nebenhandlungen.[3] Ferner wird, wie auch schon beim zweiten Bild, außer den für das Öffnen bzw. Füllen des Wasserbehälters notwendigen Objekten wie Wasserbehälter, Verschlußkappe bzw. Gefäß und Wasser zusätzlich ein Teil der Espressomaschine dargestellt (Nebenhandlung). Die hierarchische Handlungsstruktur des obigen Dokumentauschnitts ist in Abb. 2 zusammengefaßt.

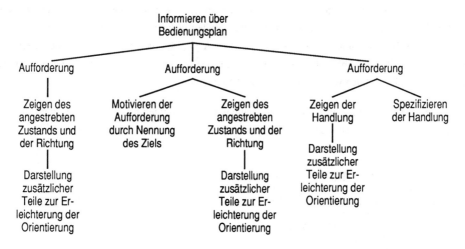

Abb. 2: Handlungsstruktur des Dokumentausschnitts aus Abb. 1

Im folgenden wird der Frage nachgegangen, wie zu einem vorgegebenen Präsentationsziel ein verständliches und der jeweiligen Situation angepaßtes Dokument aufgebaut werden kann.

4 Strategien zum Aufbau von Text-Bild-Präsentationen

Wir gehen davon aus, daß der Autor eines Dokuments über ein Repertoire von *Präsentationsstrategien* verfügt, die er den Aufgaben entsprechend auswählen und miteinander kombinieren kann. Den Kern

---

3 Auf das Auftreten nicht explizit ausgeführter Haupthandlungen wird auch in [9] hingewiesen.

solcher Präsentationsstrategien bilden dabei die im vorangegangenen Abschnitt eingeführten Haupt- und Nebenhandlungen.

Bei der Repräsentation der Präsentationsstrategien orientieren wir uns an dem in [30] und [31] vorgestellten Ansatz zur Operationalisierung der RST-Theorie. In Anlehnung an textlinguistische Arbeiten (vgl. [9] und [35]) lassen wir jedoch auch Strategien zu, die keine Haupthandlung enthalten, und sehen vor, mehrere Haupthandlungen zu einer kommunikativen Einheit zusammenzufassen, falls keine dieser Handlungen untergeordnet ist oder nur zur Unterstützung einer anderen Handlung dient.

Handlungen werden durch die Angabe des Effekts oder durch die direkte Angabe einer Strategie spezifiziert. Der Effekt einer Strategie kann für eine funktionale Beziehung (z.B. *Elucidation* oder *Supplement*) stehen oder ein Präsentationsziel (z.B. der Adressat kennt das Ergebnis einer Handlung) bezeichnen (vgl. [30]). Präsentationsziele werden über mentalen Zuständen oder Prozessen eines Adressaten formuliert. Wir verwenden hierzu die Modaloperatoren GOAL, BEL und MB (vgl. [11] und [12]). Der Ausdruck (GOAL P p) steht für: P hat p zum Ziel. Durch (BEL P p) wird ausgedrückt: P glaubt, daß p erfüllt ist. (MB P A p) bedeutet: P und A ist gegenseitig bekannt, daß p erfüllt ist. Um auszudrücken, daß P und A gegenseitig bekannt ist, für welches eindeutig bestimmte x eine Formel p erfüllt ist, verwenden wir die abkürzende Schreibweise (MBR P A p). Ob eine Präsentationsstrategie eingesetzt werden kann, ist situationsabhängig. Bedingungen, die angeben, unter welchen Umständen eine Strategie angewandt wird, bezeichnen wir als *Anwendbarkeitsbedingungen*.

Als Beispiele werden im folgenden einige Präsentationsstrategien aufgeführt, die sich auch zum Aufbau des in Abb. 1 gezeigten Dokumentausschnitts verwenden lassen.

(1)   Strategie:
             (EXPLICIT-REQUEST P A ?act)
         Effekt:
             (MB P A (GOAL P (DONE A ?act)))
         Anwendbarkeitsbedingungen:
             (GOAL P (DONE A ?act))
         Haupthandlungen:
             (REQUEST P A ?act)
         Nebenhandlungen:
             (MOTIVATE P A ?act)
             (ENABLE P A ?act)

Strategie 1 kann von einem Präsentator P dazu verwendet werden, um einen Adressaten A explizit dazu aufzufordern, eine Handlung auszuführen. Die erste Nebenhandlung dient zur Motivation der Handlung, die zweite vermittelt dem Adressaten Information, die ihm die Durchführung der Handlung ermöglicht. Zur Präsentation dieser Information kann Strategie 2 angewandt werden. Sie sieht vor, das Ergebnis der Handlung graphisch darzustellen (SHOW-STATE) und einen Pfeil vom Anfangs- zum Endzustand zu zeichnen (SHOW-DIRECTION).

(2)   Strategie:
                (ENABLE-BY-ILLUSTRATION P A ?act)
          Effekt:
                (ENABLE P A ?act)
          Anwendbarkeitsbedingungen:
                (BEL P (ISA ?act MOTION))
          Haupthandlungen:
                (SHOW-STATE P A (RESULT ?act) ?picture)
                (SHOW-DIRECTION P A (DIRECTION ?act) ?picture)
          Nebenhandlungen:
                (ATTRACT-ATTENTION P A ?picture)
                (ELUCIDATE P A (MODE ?act) ?picture)

Durch die Haupthandlungen in Strategie 2 allein ist jedoch nicht sichergestellt, daß das angestrebte Ziel erreicht wird. Verwendet man beispielsweise ein an anderer Stelle erzeugtes Bild, so muß man dafür Sorge tragen, daß der Adressat das Bild fokussiert. Dies kann dadurch geschehen, daß man den Adressaten explizit auffordert, das Bild zu betrachten.

(3)   Strategie:
                (ATTRACT-ATTENTION-BY-REQUEST P A ?picture)
          Effekt:
                (ATTRACT-ATTENTION P A ?picture)
          Haupthandlungen:
                (MB P A (GOAL P (DONE A (LOOK-AT A ?picture))))

Selbst wenn der Adressat das betreffende Bild im richtigen Augenblick betrachtet, ist nicht unbedingt gewährleistet, daß er auch dessen Funktion erkennt; d.h., daß weiß, welche Information er dem Bild entnehmen soll. Es ist allerdings nicht immer einfach, vorherzusehen, ob er dazu in der Lage sein wird. Eine entscheidende Rolle spielt hierbei das Wissen des Adressaten über die eingesetzten Präsentationstechniken. Verwendet der Präsentator beispielsweise ein Bildlexikon, so kann davon ausgegangen werden, daß die damit verbundene Intention erkannt wird. Wir nehmen zur Vereinfachung an, daß die Funktion eines Bildes erkannt wird, falls es ein Textstück gibt, innerhalb dessen das Bild fokussiert wird, und falls diesem Textstück und dem Bild ein gemeinsames Ziel, z.B. Darstellung eines Objekts, zugeordnet werden kann.[4] Bei der Formulierung dieser Bedingung wird davon ausgegangen, daß die Funktion eines Textes in jedem Fall aus dem Text selbst hervorgeht und daß aus dieser die Funktion des Bildes hergeleitet werden kann. Ist die Bedingung nicht erfüllt, so besteht Grund zur Annahme, daß die Funktion des Bildes nicht erkannt wird. In diesem Fall kommt nachstehende Präsentationsstrategie zum Einsatz.

(4)   Strategie:
                (ELUCIDATE-BY-REQUEST P A ?info ?picture)
          Effekt:
                (ELUCIDATE P A ?info ?picture)
          Anwendbarkeitsbedingungen:
                (BEL P (CONTAINS ?info ?picture))
          Haupthandlungen:
                (MB P A (GOAL P (DONE A (EXTRACT A ?info ?picture))))

---

[4] Eine schwächere Bedingung findet sich in Kjorups Bildakttheorie (vgl. [24]).

Kehren wir nun zurück zu der in Strategie 2 auftretenden Haupthandlung, die in zwei Teilhandlungen aufgeteilt ist, nämlich die graphische Darstellung des Ergebnisses der vom Adressaten auszuführenden Handlung und dem Zeichnen eines Pfeils vom Anfangs- zum Endzustand. Das Ergebnis einer Handlung kann dadurch beschrieben werden, daß man die räumlichen Beziehungen zwischen Objekten in einem Bild darstellt. Eine räumliche Relation wird dargestellt, indem man das Subjekt und die Bezugsobjekte abbildet und ihre Abbilder entsprechend positioniert. Anstatt näher auf die entsprechenden Strategien einzugehen - sie sind in [2] zu finden - konzentrieren wir uns auf die Darstellung von Objekten (vgl. 5).

(5)   Strategie:
             (SHOW-OBJECT P A ?x ?picture)
       Effekt:
             (IDENTIFIED-REFERENT A ?x ?px ?picture)
       Haupthandlungen:
             (DEPICT-OBJECT P A ?x ?px ?picture)
       Nebenhandlungen:
             (IDENTIFIABLE A ?x ?px ?picture)
             (*Res* (SPACE-AVAILABLE-P) (FACILITATE-LOC P A ?x ?px ?picture))

Hierbei ist sicherzustellen, daß der Adressat Welt- und Bildobjekte in gleicher Weise einander zuordnet wie der Präsentator. Es wird davon ausgegangen, daß der Adressat die Verbindung zwischen einem Objekt ?x und seinem Abbild ?px erkennt, falls keine Weltobjekte fokussiert werden, die dem Abbild von ?x bezüglich der dargestellten visuellen Merkmale gleich ähnlich oder sogar ähnlicher sehen als ?x. Gibt es ein weiteres Objekt, das zu dem Abbild ?px ebenso große Ähnlichkeit aufweist wie ?x, dann ist davon auszugehen, daß der Adressat nicht in der Lage ist, ?px und ?x einander zuzuordnen. In diesem Fall können die Strategien 6 und 7 angewandt werden, um ?x als Teil eines komplexeren Objekts darzustellen.

(6)   Strategie:
             (ENABLE-IDENTIFICATION P A ?x ?px ?picture)
       Effekt:
             (IDENTIFIABLE A ?x ?px ?picture)
       Anwendbarkeitsbedingungen:
             (BEL P (PART-OF ?x ?z))
       Haupthandlungen:
             (SUPPLEMENT P A ?z ?pz ?picture)

(7)   Strategie:
             (GRAPHICAL-SUPPLEMENT P A ?x ?px ?picture)
       Effekt:
             (SUPPLEMENT P A ?x ?px ?picture)
       Haupthandlungen:
             (DEPICT-OBJECT P A ?x ?px ?picture)
       Nebenhandlungen:
             (IDENTIFIABLE A ?x ?px ?picture)

Die durch *Res* gekennzeichnete optionale Nebenhandlung in Strategie 5 wird nur dann ausgeführt, wenn noch genügend Platz zur Verfügung steht. Sie führt zur Darstellung zusätzlicher Objekte, um dem Adressaten die räumliche Einordnung eines Objekts ?x zu erleichtern. Je nachdem, ob sich ?x im visuellen Fokus befindet oder nicht, werden benachbarte Objektteile angedeutet oder ?x als Teil eines übergeordneten Objekts dargestellt (vgl. [2]).

5 Aufbau von Text-Bild-Präsentationen

Für den automatischen Entwurf eines Dokuments werden die vorgestellten Präsentationsstrategien als Operatoren eines Planungssystems aufgefaßt. Beim Planungsprozeß wird dann nach Strategien gesucht, deren Anwendbarkeitsbedingungen erfüllt sind und deren Ziele mit dem Präsentationsziel instantiierbar sind. Kommen mehrere Strategien in Frage, erfolgt die Auswahl regelbasiert. Bei der Formulierung von Auswahlregeln bietet es sich an, auf die in Abschnitt 2 erwähnten psychologischen Untersuchungen zuzugreifen, in denen die Wirksamkeit der Präsentationsmodi in Abhängigkeit vom Informationstyp untersucht wird. Beispielsweise könnte man durch eine Regel sicherstellen, daß graphische Darstellungen zur Präsentation räumlicher Information bevorzugt zum Einsatz kommen (vgl. 8).

(8)   IF (GOAL P (MBR P A (LOC ?loc ?obj)))
         THEN (DOBEFORE *graphics-strategies* *text-strategies*)

Nach der Auswahl einer Strategie sind die entsprechenden Neben- und Haupthandlungen durchzuführen. Ob eine Nebenhandlung vor oder nach der Haupthandlung ausgeführt wird, richtet sich danach, ob die Nebenhandlung unabhängig von der Haupthandlung ausführbar ist oder nicht. Soll beispielsweise durch eine Nebenhandlung sichergestellt werden, daß der Adressat die in einer Haupthandlung gezeigten Objektdarstellungen Weltobjekten zuordnen kann, setzt dies Kenntnis über das Bild voraus. In diesem Fall ist zunächst die Haupthandlung, nämlich das Erzeugen eines Bildes, auszuführen. Erst danach kann in einer Nebenhandlung durch Antizipation der Verstehensprozesse des Adressaten[5] das Bild überprüft werden. Stellt sich heraus, daß dieses unverständlich ist, so ist das Dokument entsprechend zu ergänzen, z.B. durch Darstellung zusätzlicher Objekte (vgl. Abschnitt 4).

In Abb. 3 sind einige der zum Aufbau des ersten Teils der Gebrauchsanweisung aus Abschnitt 3 durchzuführenden Handlungen aufgeführt. Dabei sind Haupthandlungen durch HH, Nebenhandlungen durch NH gekennzeichnet.

---

[5] zur Antizipation der Verstehensprozesse eines Hörers siehe auch [37]

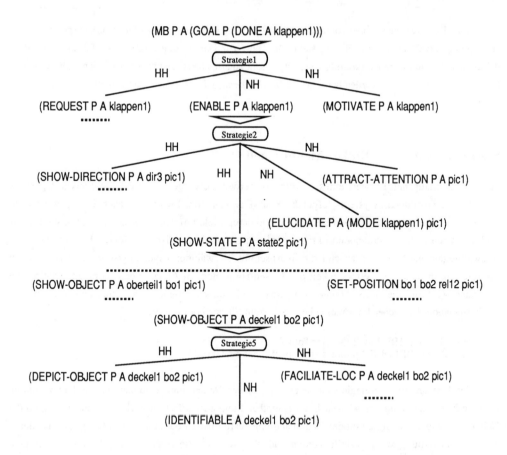

Abb. 3: Planausschnitt zur Generierung einer Aufforderung

6 Schlußbemerkung

In dieser Arbeit wurde dargelegt, daß nicht nur Texte, sondern auch Bilder und Text-Bild-Kombinationen als Mittel zur Erreichung von Zielen aufgefaßt werden können. Es wurden Strategien vorgestellt, die Wissen über Präsentationstechniken repräsentieren. In Anlehnung an textlinguistische Arbeiten wurde zwischen Haupt- und Nebenhandlungen unterschieden. Diese können sich sowohl auf den Aufbau einer Graphik als auch auf die Erzeugung von Text beziehen und ermöglichen somit eine gemeinsame Planung von Text und Bild. Der vorgestellte Ansatz ist vor allem in bezug auf die folgenden Punkte von Vorteil:

○ *Komplementarität*
   Da jedes Ziel genau einmal realisiert wird, ist gewährleistet, daß Text und Bild zueinander komplementär sind. Allerdings ist bei der Definition der Präsentationsstrategien zu berücksichtigen, daß diese das Komplementaritätsprinzip nicht von vornherein verletzen.

○ *Kohärenz*

Ein Dokument erscheint umso kohärenter, je einfacher sich eine Beziehung zwischen den einzelnen Dokumentteilen herleiten läßt. In unserem Ansatz besteht immer eine solche Beziehung, da der Planer nur Dokumentteile (Bilder und Textpassagen) generiert, die durch die in den Präsentationsstrategien spezifizierten funktionalen Beziehungen miteinander verbunden sind.

○ *Kohäsion*

Die vorgeschlagenen Präsentationsstrategien geben explizit an, welchen Zweck ein Dokumentteil zu erfüllen hat. Neben Verweisen auf den Bildinhalt können somit insbesondere auch Verweise generiert werden, die sich auf die Funktion eines Bildes beziehen.

Da es in vielen Fällen schwierig ist, Dokumente a priori so zu planen, daß diese verständlich sind, ist es nicht zuletzt aus Effizienzgründen sinnvoller, Dokumentteile vorab zu erzeugen und dann anschließend auf ihre Verständlichkeit hin zu überprüfen und gegebenenfalls zu revidieren. Unser Ansatz erlaubt es, die Verstehensprozesse des Adressaten in einer nach der Haupthandlung auszuführenden Nebenhandlung zu antizipieren.

Nachdem die Grundkonzeption des Präsentationsplaners feststeht, konzentrieren sich die derzeitigen Bemühungen auf dessen Implementierung. Parallel dazu werden Komponenten zur Text- und Graphikgenerierung entwickelt, die dann die in den Präsentationsstrategien aufgeführten elementaren Handlungen wie z.B. INFORM oder DEPICT-OBJECT ausführen. In einer weiteren Ausbaustufe soll der vorgestellte Ansatz auf weitere Modi wie Gestik und Animation erweitert werden.

Danksagung

Die Autoren bedanken sich bei Wolfgang Wahlster für wertvolle Hinweise und Anregungen zu diesem Papier.

Literatur

1.   G. **Adorni**, M. **DiManzo** und F. **Giunchiglia**. Natural Language Driven Image Generation. In: COLING'84, S. 495-500 (1984)

2.   E. **André**. Strategien zur Generierung multimodaler Dokumente. Memo, Deutsches Forschungszentrum für Künstliche Intelligenz, Saarbrücken, i. Vorb..

3.   D.E. **Appelt**. Planning English Sentences. Cambridge University Press: London (1985)

4.   Y. **Arens**, L. **Miller**, S.C. **Shapiro** und N.K. **Sondheimer**. Automatic Construction of User-Interface Design. In: Proceedings of the 7th National Conference of the American Association for Artificial Intelligence, S. 808-813 (1988)

5.   S.-P. **Ballstaedt**, H. **Mandl**, W. **Schnotz** und S.-O. **Tergan**. Texte verstehen, Texte gestalten. Urban & Schwarzenberg: München, Wien, Baltimore (1981)

6.   J.G. **Bennett**. Depiction and Convention. In: The Monist 58, S. 255-269 (1974)

7. G.R. **Bieger** und M.D. **Glock**. Comprehending Spatial and Contextual Information in Picture-Text Instructions. The Journal of Experimental Education 54(4), S. 181-188 (1986)

8. L.C. **Boggess**. Computational Interpretation of English Spatial Prepositions. Technical Report No. T-75, Coordinated Science Laboratory, University of Illinois (1978)

9. M. **Brandt**, W. **Koch**, W. **Motsch** und I. **Rosengren**. Der Einfluß der kommunikativen Strategie auf die Textstruktur - dargestellt am Beispiel des Geschäftsbriefes. In: I. Rosengren (Hrsg.), Sprache und Pragmatik, Lunder Symposium 1982. Almqvist & Wiksell: Stockholm, S. 105-135 (1983)

10. J. **Bransford** und M. **Johnson**. Contextual Prerequisites for Understanding: Some Investigations of Comprehension and Recall. In: Journal of Verbal Learning and Verbal Behavior 11, S. 717-726 (1972)

11. P.R. **Cohen**. On Knowing What to Say: Planning Speech Acts. Technical Report No. 118, University of Toronto (1978)

12. P.R. **Cohen** und H.J. **Levesque**. Speech Acts and Rationality. In: Proceedings of the 23rd Annual Meeting of the ACL, S. 49-59 (1985)

13. T. A. **van Dijk**. Textwissenschaft. dtv: München (1980)

14. M. **Elhadad**, D.D. **Seligmann**, S. **Feiner** und K.R. **McKeown**. A Common Intention Description Language for Interactive Multi-Media Systems. Proc. of the IJCAI-89 Workshop `A New Generation of Intelligent Interfaces´, Detroit, Michigan (1989)

15. S. **Feiner**. An Architecture for Knowledge-Based Graphical Interfaces. In: Proceedings of the Workshop on Architectures of Intelligent Interfaces: Elements & Prototypes, S. 129-140 (1988)

16. M. **Friedell**. Automatic Synthesis of Graphical Object Descriptions. In: Computer Graphics (ACM) 18(3), S. 53-62 (1984)

17. J. **Geller** und C. **Shapiro**. Graphical Deep Knowledge for Intelligent Machine Drafting. In: Proceedings of the 10th International Joint Conference on Artificial Intelligence, S. 545-551 (1987)

18. N. **Goodman**. Replies. In: Erkenntnis 12, S. 153-179 (1978)

19. E. H. **Hovy**. Approaches to the Planning of Coherent Text. Papers from the 4th International Workshop on Text Generation, Catalina Island (1988)

20. S. **Jörg**. Der Einfluß sprachlicher Bezeichnungen auf das Wiedererkennen von Bildern. Huber: Bern (1978)

21. S. **Jörg** und H. **Hörmann**. Sentences before and after Pictures: How do Verbal Specifications Influence Recognition?. In: Psychological Research 45, S. 255-266 (1983)

22. G. **Kempen** (Hrsg.). Natural Language Generation: New Results in Artificial Intelligence, Psychology, and Linguistics. Nijhoff: Dordrecht, Boston, Lancaster (1987)

23. S. **Kjorup**. George Innes and the Battle at Hastings, or Doing Things with Pictures. In: The Monist 58, S. 216-235 (1974)

24. S. **Kjorup**. Pictorial Speech Acts. In: Erkenntnis 12, S. 55-71 (1978)

25. S.M. **Kosslyn**. Image and Mind. Harvard University Press: Cambridge, Massachusetts, London (1980)

26. J. **Mackinlay**. Search Architecture for the Automatic Design of Graphical Presentations. In: Proceedings of the Workshop on Architectures of Intelligent Interfaces: Elements & Prototypes, S. 129-140 (1988)

27. W.C. **Mann** und S.A. **Thompson**. Rhetorical Structure Theory: Description and Construction of Text Structures. In: G. Kempen (Hrsg.), Natural Language Generation: New Results in Artificial Intelligence, Psychology, and Linguistics, Nijhoff: Dordrecht, Boston, Lancaster, S. 85-95 (1987)

28. K.F. **McCoy**. Highlightening a User Model to Respond to Misconceptions. In: A. Kobsa und W. Wahlster (Hrsg.), User Models in Dialog Systems, Springer: Berlin, Heidelberg, New York (1989)

29. K.R. **McKeown**. Text Generation. Cambridge University Press: London (1985)

30. J.D. **Moore** und C.L. **Paris**. Planning Text for Advisory Dialogues. In: Proceedings of the 27th Annual Meeting of the Association for Computational Linguistics (1989)

31. J.D. **Moore** und W.R. **Swartout**. A Reactive Approach to Explanation. In: Proceedings of the 11th International Joint Conference on Artificial Intelligence (1989)

32. M. **Muckenhaupt**. Text und Bild. Gunter Narr: Tübingen (1986)

33. D. **Novitz**. Picturing. In: The Journal of Aesthetics and Art Critisism 34, S. 145-155 (1975)

34. C.L. **Paris**. The Use of Explicit User Models in a Generation System for Tailoring Answers to a User's Level of Expertise. In: A. Kobsa und W. Wahlster (Hrsg.), User Models in Dialog Systems, Springer: Berlin, Heidelberg, New York (1989)

35. I. **Rosengren**. Die Textstruktur als Ergebnis strategischer Überlegungen des Senders. In: I. Rosengren (Hrsg.), Sprache und Pragmatik, Lunder Symposium 1982, Almqvist & Wiksell: Stockholm, S. 157-191 (1983)

36. J.R. **Searle**. Speech Acts: An Essay in the Philosophy of Language. Cambridge University Press: Cambridge, MA (1969)

37. J.R.J. **Schirra**. Ein erster Blick auf ANTLIMA: Visualisierung statischer räumlicher Realtionen. In: Metzing (Hrsg.), GWAI-89, Springer: Berlin, Heidelberg, S. 301-311 (1989)

38. J.W. **Sullivan** und S.W. **Tyler** (Hrsg.). Architectures for Intelligent User Interfaces: Elements and Prototypes. Addison-Wesley (1989)

39. W. **Wahlster**, E. **André**, M. **Hecking** und T. **Rist**. WIP: Knowledge-based Presentation of Information. Report WIP-1, Deutsches Forschungszentrum für Künstliche Intelligenz, Saarbrücken (1989)

40. Proceedings of the IJCAI-89 Workshop `A New Generation of Intelligent Interfaces´, Detroit, Michigan (1989)

41. D.M. **Willows** und H.A. **Houghton**. The Psychology of Illustration - Basic Research. Springer: Berlin, Heidelberg, New York (1987)

42. M. **Wintermantel**, L. **Laux** und U. **Fehr**. Anweisung zum Handeln: Bilder oder Wörter. Bericht Nr. 2, Psychologisches Institut der Universität Heidelberg (1989)

43. L. **Wittgenstein**. Tractatus logico-philosophicus. Nachgedruckt in: Werkausgabe: L. Wittgenstein. Band 1, Suhrkamp: Frankfurt (1988)

44. F. **Zdybel**, N. **Greenfeld** und M. **Yonke**. An Information Presentation System. In: Proceedings of the 7th International Joint Conference on Artificial Intelligence, S. 978-984 (1981)

45. M. **Zock** und G. **Sabah** (Hrsg.). Advances in Natural Language Generation. Pinter: London (1988)

Wissensbasierte Perspektivenwahl für die automatische Erzeugung von 3D-Objektdarstellungen

Thomas Rist, Elisabeth André

Deutsches Forschungszentrum

für Künstliche Intelligenz

Stuhlsatzenhausweg 3

D-6600 Saarbrücken 11

Zusammenfassung

Aus welcher Perspektive ein Objekt gezeigt werden soll, ist eine der elementaren Fragen, die sich bei der automatischen Erzeugung von 3D-Darstellungen stellt, die aber in den wenigen Systemen, die graphische Objektdarstellungen selbstständig planen, bisher vernachlässigt wurde. Ziel der vorliegenden Arbeit ist es, aufzuzeigen, wie sich Wissen über Objekte und Darstellungstechniken verwenden läßt, um die Menge der möglichen Perspektiven, aus denen ein Objekt gesehen und gezeigt werden kann, sinnvoll einzuschränken. Als Grundlage zur Perspektivenwahl schlagen wir ein Bezugssystem vor, das eine Einteilung der Perspektiven in 26 Klassen nahelegt und das darüberhinaus Vorteile bietet, wenn gewählte Perspektiven natürlichsprachlich zu beschreiben sind. Anschließend führen wir einige für die Perspektivenwahl relevante Kriterien an. Diese Kriterien werden dann zur Formulierung von Regeln herangezogen, die wir dazu verwenden, um in einer konkreten Präsentationssituation eine geeignete Perspektive zu bestimmen.

1. Problemstellung

Neben Sprache wird in zahlreichen Dokumenten auf graphische Objektdarstellungen als Medium zur Informationsvermittlung zurückgegriffen. Sie werden beispielsweise in Beschreibungen für technische Geräte und Anlagen dazu verwendet, um die Identifikation oder die räumliche Einordnung von Objekten zu erleichtern. Ziel unserer Arbeit ist die Entwicklung eines wissensbasierten Systems[1], das in der Lage ist, Information der jeweiligen Präsentationssituation angepaßt zu präsentieren, wobei unterschiedliche

---

[1] Der vorgestellte Ansatz zur Perspektivenwahl wurde für eine Graphikdesignkomponente entworfen, die derzeit im Rahmen des vom BMFT unter dem Förderkennzeichen ITW8901 8 geförderten WIP-Projekts am Deutschen Forschungszentrum für Künstliche Intelligenz in Saarbrücken entwickelt wird.

Präsentationsmodi (Text, Graphik) aufeinander abgestimmt zum Einsatz kommen. In bezug auf die Erzeugung graphischer Objektdarstellungen muß ein solches System u.a. die folgenden Entscheidungen treffen:

○ Arrangieren der darzustellenden Objekte
○ Auswahl einer Projektionstechnik
○ Auswahl einer geeigneten Perspektive

Bevor ein Abbildungsprozeß[2] ausgeführt wird, sollte eine günstige Vorlage geschaffen werden, indem man die darzustellenden Objekte in eine geeignete Ausgangsposition bringt. Die Auswahl einer geeigneten Projektionstechnik wird sich vor allem danach richten, für welchen Zweck und für welche Zielgruppe eine Abbildung bestimmt ist. Geht es darum, Objekte so darzustellen, wie sie erscheinen, so wird in der Regel eine perspektivische Projektion gewählt. Für technische Zeichnungen werden hingegen Parallelprojektionen bevorzugt, da diese Form und Ausmaß weniger stark verzerren. Wie gut eine Objektabbildung die ihr zugedachte Funktion erfüllen kann, hängt schließlich auch davon ab, aus welcher Perspektive das Objekt gezeigt wird.

Während die Ausführung von Projektionen zum Standard heutiger Graphiksysteme zählt, werden die oben angeführten Entscheidungen nicht automatisch getroffen. Bei interaktiven Graphiksystemen, etwa aus dem CAD-Bereich, liegt die Verantwortung darüber, wie Objekte auf einem Ausgabemedium erscheinen beim Benutzer. In den wenigen Systemen, die graphische Objektdarstellungen selbstständig planen (vgl. [4], [5] und [10]), wird anstelle eines vom System durchzuführenden Entscheidungsprozesses bislang auf vordefinierte Standardperspektiven zurückgegriffen, die fester Bestandteil der jeweils zugrundeliegenden geometrischen Objektrepräsentationen sind.

Eine Beschränkung auf Standardperspektiven führt allerdings in vielen Präsentationssituationen zu ungeeigneten Darstellungen. Rein geometrisch repräsentierte Perspektiven sind u.U. schwierig in natürlicher Sprache zu beschreiben. Solche Beschreibungen sind aber bei einigen graphischen Darstellungen erforderlich, um ihr Verstehen zu gewährleisten, etwa dann, wenn ein Objekt aus einer `ungewöhnlichen´ Perspektive gezeigt werden muß. In diesem Beitrag schlagen wir als Grundlage zur Perspektivenwahl ein Bezugssystem vor, das eine Einteilung der Perspektiven in 26 Klassen nahelegt und das darüberhinaus einer natürlichsprachlichen Beschreibung entgegenkommt. Zum anderen beschäftigen wir uns mit der Frage, wie Wissen über Objekte und Darstellungstechniken dazu eingesetzt werden kann, um in einer konkreten Präsentationssituation eine geeignete Perspektive auszuwählen.

2. Grundperspektiven

In einer Abhandlung über Sprache und Raum stellen Miller und Johnson Laird (vgl. [9]) heraus, daß Menschen dazu tendieren, Objekten intrinsische Seiten zuzusprechen, und zwar maximal drei Seitenpaare; Ober- und Unterseite, Vorder- und Hinterseite sowie linke und rechte Seite. Diese Seiten werden nach dem

---

[2] Abbgebildet werden in unserem Fall Objektmodelle, die zur Repräsentation des Wissens über Geometrie und Topologie der Domänenobjekte dienen.

Vorbild des menschlichen Körpers oder der menschlichen Raumorientierung vergeben (vgl. [12]). Als einen `maximalen Prototyp´ kann man sich ein mit sechs intrinsischen Seiten ausgezeichnetes, quaderförmiges Objekt vorstellen, das entweder wie in Abb. 1 oder wie in Abb. 2 dargestellt organisiert ist, je nachdem, ob die Zuweisung der Seiten nach dem *Spiegelbildprinzip* oder nach dem *Koinzidenzprinzip* erfolgt ist.

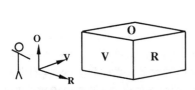 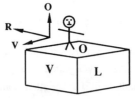

Abb.1: Zuordnung intrinsischer Objektseiten nach dem Spiegelbildprinzip   Abb.2: Zuordnung intrinsischer Objektseiten nach dem Koinzidenzprinzip

Betrachten wir nun die Situation, in der ein Beobachter einem wie in Abb. 1 organisierten quaderförmigen Objekt frontal gegenübersteht. Von dieser Situation ausgehend konstruieren wir ein dreidimensionales Bezugssystem, indem wir Achsen senkrecht durch die Mittelpunkte der Quaderflächen legen. Wenn wir in diesem Bezugssystem einen weiteren Beobachter annehmen, der ebenfalls aus genügender Entfernung den Quader betrachtet, macht es Sinn zu sagen, ob dieser in bezug auf den ersten Beobachter *von oben, von vorne, von vorne rechts* usw. auf den Quader schaut (vgl. Abb. 3). Die möglichen Perspektiven lassen sich somit nach den Raumrichtungen klassifizieren, aus denen der Quader betrachtet wird. Mit den Abkürzungen O, U, V, H, L, R für *von oben, von unten, von vorne, von hinten, von links* und *von rechts* ergeben sich die folgenden 26 Klassen[3] von Perspektiven, die wir im folgenden als *Quader-Grundperspektiven* bezeichnen:

V, H, O, U, L, R
VO, VU, VL, VR, OH, OL, OR, UL, UR, UH, HL, HR
VOL, VOR, VUL, VUR, HOL, HOR, HUL, HUR

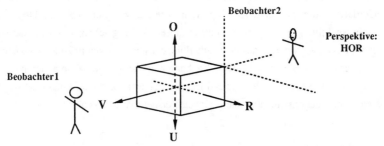

Abb.3: Beobachter2 betrachtet den Quader hinsichtlich des Bezugssystems von Beobachter1 *von hinten oben rechts*.

---

3 Weitere Klassen erhält man, wenn man Hohlkörper zuläßt, die von innen betrachtet werden. Dort können auch Perspektiven gewählt werden, aus denen vier oder fünf Quaderseiten sichtbar sind.

Vorausgesetzt, der betrachtete Quader ist wie in Abb. 1 organisiert, spiegeln die eingeführten Grund-perspektiven die jeweils sichtbaren Quaderseiten wider. Für den Fall, daß Objekte betrachtet werden, deren intrinsische Seiten nach dem Koinzidenzprinzip zugeordnet sind, zeigen die linke und rechte Seite in die entgegengesetzten Richtungen des Bezugssystems. Wird beispielsweise ein Auto aus einer Perspektive *von rechts* betrachtet, so ist dessen intrinsische *linke* Seite sichtbar. Unabhängig von der Zuweisung intrinsischer Seiten ist die Tatsache, daß ein Perspektivenwechsel nur dann zu einer qualitativen Änderung der Quaderdarstellung führt (d.h. neue Kanten und Flächen kommen zum Vorschein und/oder bisher sichtbare werden verdeckt), wenn damit auch ein Klassenwechsel verbunden ist (vgl. Abb. 4). Verschiebungen der Perspektive innerhalb einer Klasse bedeuten hingegen quantitative Veränderungen bezogen auf Kantenlänge, Flächeninhalt und Winkelgröße.

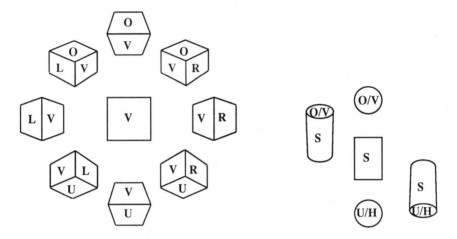

Abb.4: Quader-Grundperspektiven, aus denen die vordere Quaderseite sichtbar ist.

Abb.5: Die fünf Zylinder-Grundperspektiven.

Mit dem in Abb. 3 vorgestellten Bezugssystem ist es uns möglich, zwischen Arrangement und Perspektivenwahl zu unterscheiden. Eine Perspektive wählen bedeutet, eine bestimmte Beobachterposition in diesem Bezugssystem einzunehmen. Arrangieren bedeutet, ein Objekt im Bezugssystem zu plazieren. Eine `Standard-Plazierung´ erhalten wir, indem wir das abzubildende Objekt so in das in Abb. 3 dargestellte Bezugssystem einpassen, daß dessen intrinsische Seiten an den entsprechenden Raum-richtungen ausgerichtet sind. Für Objekte mit sechs intrinsischen Seiten, deren Form von der eines Quaders abweicht, greifen wir dabei auf *umschreibende* Quader zurück. Weisen Objekte nur zwei intrinsische Seiten auf, also nur Ober- und Unterseite (z.B. Pilz, Litfaßsäule) oder nur Vorder- und Rückseite (z.B. Bleistift, Nadel), dann können einige der 26 Quader-Grundperspektiven zusammengefaßt werden, da sie sich hinsichtlich der aus ihnen jeweils sichtbaren Objektseiten nicht unterscheiden. Beispielsweise ist die Seitenansicht eines an der Unten/Oben-Achse ausgerichteten Pilzes davon unabhängig, ob er aus einer der Perspektiven V, H, L, R oder aus einer ihrer Kombinationen betrachtet wird. Anstelle eines umschreiben-den Quaders verwenden wir bei diesen Objekten umschreibende Zylinder und beschränken uns bei der Perspektivenwahl auf die fünf in Abb. 5 dargestellten *Zylinder-Grundperspektiven.* Für die Darstellung eines Pilzes ergeben sich beispielsweise die Grundperspektiven: O, U, S, OS und US, wobei die

Abkürzung S für die nicht weiter differenzierten Objektseiten steht. Für Objekte, die überhaupt keine intrinsischen Seiten aufweisen (z.B. Ball, Stein), ist eine Unterscheidung der Perspektiven hinsichtlich der sichtbaren intrinsischen Seiten nicht möglich.

Ob ein Objekt intrinsische Seiten besitzt oder nicht, kann entweder explizit in einer Wissensbasis vermerkt sein oder muß erschlossen werden, z.B. mit Hilfe der Regeln, die von Miller und Johnson-Laird aufgestellt wurden, um Objekte hinsichtlich ihrer intrinsischen Teile zu kategorisieren (vgl. [9]). Kann nicht festgestellt werden, ob ein Objekt über intrinsische Seiten verfügt, weil zu wenig Information über das Objekt vorliegt, ist es in vielen Fällen plausibel, wenigstens eine Unterseite zu bestimmen, etwa dadurch, daß man das Objekt hinsichtlich des Bezugssystems in eine stabile Lage bringt [4].

3 Kriterien zur Perspektivenauswahl

In Handbüchern für Graphiker und Designer findet man gewöhnlich den Hinweis, Objekte so darzustellen, wie sie unter `normalen Sehbedingungen` erscheinen (vgl. u.a. [2] und [7]). Betrachtet man etwa Darstellungen von Pilzen (z.B. in Lehrbüchern oder Lexika), so fällt auf, daß dort meistens Seitenansichten bevorzugt werden, obwohl Pilze aufgrund ihrer geringen Größe von Menschen in der Regel von oben gesehen werden. Das Kriterium der `normalen Sehbedingung` erscheint zu vage und im Hinblick auf unterschiedliche Präsentationssituationen auch keinesfalls ausreichend, um die Zahl der möglichen Perspektiven sinnvoll einzuschränken. Vielmehr ist davon auszugehen, daß dieser Entscheidungsprozeß durch eine Vielzahl von Faktoren determiniert wird. Welche Faktoren im einzelnen zu berücksichtigen sind, hängt davon ab, ob man vorrangig daran interessiert ist, wie menschliche Zeichner dieses Problem bewältigen, etwa im Hinblick auf die Entwicklung eines entsprechenden Simulationsmodells, oder ob der performative Aspekt, nämlich in einer gegebenen Präsentationssituation angemessene Darstellungen automatisch zu erzeugen, im Vordergrund steht.

Einige der für die Perspektivenwahl maßgeblichen Faktoren, die bei einem Simulationsansatz zu berücksichtigen wären, sind nach von Sommers eher technischen Charakters (vgl. [11]). Wie ein Objekt dargestellt wird, ist seiner Meinung nach auch davon abhängig, an welcher Stelle der Zeichenunterlage mit dem Zeichnen begonnen wird (nicht zuletzt aus anatomischen Gründen ist das bevorzugt der linke obere Teil der Zeichenunterlage) und was zuerst vom Objekt gezeichnet wird. Als Paradebeispiel führt er die stets als von links nach rechts wehend gezeichneten Flaggen an. Von diesen wird in der Regel zuerst mit dem Mast auf der linken Papierhälfte begonnen; die Flagge muß dann zwangsläufig nach rechts ergänzt werden. Interessant in bezug auf ein Simulationsmodell wäre auch die häufig vertretene These, daß menschliche Zeichner, konfrontiert mit der Aufgabe, ein Objekt abzuzeichnen, auf erlernte Schemata zurückgreifen, die sie dann solange abändern, bis eine mehr oder weniger große Ähnlichkeit zwischen Abbild und Vorlage erreicht ist (vgl. [6]). Zahlreiche Anleitungen für Zeichner zielen im wesentlichen auf die Vermittlung solcher Schemata ab. So wird etwa gelehrt, wie aus einfachen geometrischen Grundformen konventionelle

---

[4] Hierzu kann z.B. auf die von Adorni formulierten Gesetzte der naiven Statik zurückgegriffen werden (vgl. [1]).

Darstellungen für Blumen, Katzen, Vögel oder Schiffe aufgebaut werden (vgl. z.B. [8]). Vor allem bei ungeübten Zeichnern ist daher anzunehmen, daß die Wahl einer Perspektive auch davon abhängen wird, welche Schemata diese kennen bzw. wie leicht neue Schemata zu erlernen sind.

Da es uns allerdings weniger um die Simulation des menschlichen Zeichnens geht, bleiben Faktoren, wie sie eben genannt wurden, unberücksichtigt. Stattdessen konzentrieren wir uns auf einen Aspekt, der sowohl bei einem Simulations- als auch bei einem Performanzansatz eine entscheidende Rolle spielt, nämlich auf die Konsequenzen, die sich durch die Präsentationssituation und die sich daraus ergebenden Ziele für die Perspektivenwahl bei Objektdarstellungen ergeben. Im folgenden sind einige Beispiele angeführt.

O **Funktionalität/Zugänglichkeit hervorheben**

In engem Zusammenhang mit dem Kriterium der ´normalen Sehbedingungen´ steht vermutlich die von einem Betrachter gegenüber einem Objekt typischerweise eingenommene Betrachterposition. Diese spiegelt sich aber gerade in der Zuordnung der intrinsischen Objektseiten wider. Bei technischen Geräten wird beispielsweise häufig diejenige Seite als intrinsische Vorderseite angesehen, an der sich wichtige Bedienungs- und Funktionsteile befinden. Nicht zugängliche Objektflächen, etwa Auflageflächen, werden hingegen zu Unter- oder Rückseiten. Sie sind aus der Standard-Betrachterposition meist nicht zu sehen.

O **Aktuelle Beobachterposition berücksichtigen**

Wird in einem Dokument, z.B. einer Konstruktionsanleitung, dazu aufgefordert, Objektmanipulationen (Drehungen usw.) durchzuführen, so ist zu beachten, daß dem Betrachter andere als die beispielsweise aus der Standard-Betrachterposition sichtbaren Objektseiten zugänglich werden. Die Verständlichkeit solcher Dokumente kann dann im allgemeinen erhöht werden, wenn diese Operationen in nachfolgenden Objektdarstellungen Berücksichtigung finden.

O **Bewegungsrichtung betonen**

Soll herausgestellt werden, daß sich ein darzustellendes Objekt in eine bestimmte Richtung bewegt, werden üblicherweise Ansichten gewählt, die zur Bewegungsrichtung parallele Objektseiten zeigen. Dabei scheint es keine Rolle zu spielen, ob sich das darzustellende Objekt in der Horizontalen oder in der Vertikalen bewegt. Die typischsten Beispiele sind hier Darstellungen von Pfeilen. Ähnliches gilt aber auch für Schiffe, Autos, Fische, Raketen oder Regentropfen. Van Sommers (vgl. [11]) vertritt sogar die Auffassung, daß Trompeten bevorzugt von der Seite gezeichnet werden, um die Fortpflanzungsrichtung des Schalls anzudeuten.

O **Räumlichkeit vermitteln**

Räumliche Tiefe kommt besser zum Ausdruck, wenn das Objekt aus einer Perspektive dargestellt wird, bei der in den Raum hineingehende Flächen deutlich erkennbar sind. Wird nur eine Oberseite dargestellt, verschwindet das Volumen gänzlich. Insbesondere ist zu berücksichtigen, daß im Falle einer ungünstig gewählten Perspektive formgebende Kanten und Linienschnittpunkte aufeinander fallen und somit nicht mehr zu unterscheiden sind. Während die linke Figur in Abb. 6 gut als Darstellung eines quaderförmigen Objektes zu erkennen ist, bereitet die rechte Schwierigkeiten. Durch das Zusammenfallen zweier

Schnittpunkte bleibt unklar, ob es sich um die Darstellung eines dreidimensionalen Objekts handelt oder um ein Sechseck mit eingezeichneten Diagonalen.

 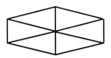

Abb. 6: Günstige und ungünstige Darstellung eines quaderförmigen Drahtgitters

○ **Ein bestimmtes Objektteil zeigen**

Oft werden Objektdarstellungen verwendet, um Information über ein bestimmtes Objektteil darzubieten, etwa um zu zeigen, daß ein Objekt das Teile X besitzt, und/oder um zu zeigen, wo sich das Teil X befindet. In diesen Fällen müssen dann Perspektiven gewählt werden, aus denen das betreffende Teil sichtbar ist. Besteht das Präsentationsziel beispielsweise darin, auf die Aufhängung eines technischen Gerätes aufmerksam zu machen, wird man das Gerät zweckmäßigerweise nicht von vorne, sondern von hinten zeigen.

○ **Identifizierung erleichtern**

Variationen in der Perspektive führen zu unterschiedlichen Abbildungen ein und desselben Objektes. Das Ergebnis einer Projektion wird allerdings nur dann als Abbild eines Objektes erkennbar sein, wenn ausreichend viele visuell wahrnehmbare Eigenschaften vorhanden sind, die mit den visuell wahrnehmbaren Eigenschaften der Vorlage identifizierbar sind. Je mehr diskriminierende Eigenschaften eine graphische Objektdarstellung beinhaltet, desto geringer sind die Verwechslungsmöglichkeiten mit anderen Objekten. Ein Pilz ist beispielsweise aus der Vogelperspektive schlechter zu identifizieren als aus einer Seitenansicht. Geht man davon aus, daß großflächige Objektseiten gegenüber kleineren eher wahrgenommen werden, ist es oft günstig, solche ausgeprägten Seiten möglichst unverzerrt darzustellen. Beispielsweise fällt die Identifikation eines aus der Frontalperspektive gezeigten Bleistifts in der Regel wesentlich schwerer als eine Darstellung in Seitenansicht.

○ **Wirkungen erzielen**

Vor allem in Werbeanzeigen wird häufig versucht, Objekte so darzustellen, daß die Betrachter ihnen bestimmte wertende Merkmale (angenehm, wertvoll etc.) zuordnen. Die Wahl der Perspektive ist dabei ein wesentliches gestalterisches Mittel. In diesem Zusammenhang verweist Espe (vgl. [3]) auf eine Faustregel, die besagt, daß ein aus der Vogelperspektive gezeigtes Motiv als dem Betrachter unterlegen, ein aus der Froschperspektive gezeigtes hingegen als dem Betrachter überlegen empfunden wird.

Durch Angabe solcher Präsentationsziele läßt sich repräsentieren, welche kommunikative Funktion eine Objektdarstellung in einer konkreten Präsentationssituation zu erfüllen hat. Als Standardperspektiven bezeichnen wir die Perspektiven, die sich durch die Vorgabe von Standardpräsentationszielen ergeben. Hierzu gehört die Vermittlung von Räumlichkeit, die Erleichterung der Identifizierung, bei statischen

Objekten die Hervorhebung der Funktionalität/Zugänglichkeit und bei dynamischen die Betonung der Bewegungsrichtung.

4. Regelgesteuerte Perspektivenauswahl

Ausgehend von den eingeführten Grundperspektiven können wir mit den oben genannten Kriterien feststellen, was in einer konkreten Präsentationssituation für bzw. gegen eine bestimmte Perspektive spricht. Eine Entscheidung ist schließlich durch Abwägen der für- und widersprechenden Argumente herbeizuführen. Wir gehen dabei jedoch nicht davon aus, daß es stets nur eine Perspektive gibt, die den gestellten Anforderungen gerecht wird. Wir wollen vielmehr ungeeignete oder weniger geeignete Perspektiven ausschließen. Um Kriterien möglichst einfach zu verfeinern und neue Kriterien hinzunehmen zu können, wählen wir einen regelbasierten Ansatz. Die Regeln werden wie folgt abgearbeitet. Im Prämissenteil wird geprüft, ob die Regel in der vorgegebenen Präsentationssituation anwendbar ist; im Aktionsteil wird eine Bewertung der zur Auswahl stehenden Perspektiven vorgenommen. Dabei können einzelne Perspektiven durch ein Minuszeichen blockiert oder durch ein Pluszeichen als besonders geeignet gekennzeichnet werden. Einige solcher Regeln sind nachfolgend skizziert:

(R1)   Funktionalität betonen =>
blockiere alle Perspektiven, die die funktionale Seite nicht enthalten, befürworte Frontalansicht, der durch die Funktion gegebenen Seite

(R2)   Unterseite identisch mit Auflagefläche =>
blockiere alle Perspektiven, die die Unterseite zeigen

(R3)   Räumlichkeit betonen =>
blockiere Frontalansichten, befürworte Perspektiven, die drei Seiten zeigen

(R4)   Identifizierung erleichtern =>
blockiere Frontalansichten extrem kleiner Seiten

Wie solche Bewertungsregeln zur Perspektivenwahl eingesetzt werden, demonstrieren wir anhand eines Beispiels aus der Domäne des WIP-Projekts. In dieser Domäne geht es darum, eine illustrierte Gebrauchsanleitung für eine Espressomaschine unter Berücksichtigung verschiedener Generierungs-parameter wie Präsentationssituation, Zielgruppe usw. automatisch zu erzeugen. Wir betrachten die Situation, in der zu Beginn einer Gebrauchsanleitung die zu beschreibende Espressomaschine erstmalig erscheinen soll. Spezielle Präsentationsziele seien nicht vorgegeben, so daß nur die mit den Standardzielen verbundenen Regeln (R1 bis R4) herangezogen werden. Ausgehend von der durch funktionale Teile (Einschaltknopf usw.) gegebenen Vorderseite und der durch die Auflagefläche bestimmten Unterseite werden der Espressomaschine gemäß dem Spiegelbildprinzip (vgl. Abb. 1) sechs intrinsische Seiten zugeordnet. Es sind daher alle 26 Quader-Grundperspektiven in Betracht zu ziehen. Nach Anwendung von R1, R2 und R3 werden die Grundperspektiven VOL und VOR gefunden. Da die Espressomaschine keine extrem kleinen intrinsischen Seiten aufweist, ist R4 nicht anwendbar. Ohne weitere Restriktionen erscheinen VOL und VOR gleichermaßen geeignet. Das Ergebnis der Bewertung durch die anwendbaren Regeln ist in nachstehender Tabelle zusammengefaßt.

	V	H	O	U	L	R	VO	VU	VL	VR	OH	OL	OR	UL	UR	UH	HL	HR	VOL	VOR	VUL	VUR	HOL	HOR	HUL	HUR
(R1)	+	-	-	-	-	-					-	-	-	-	-	-	-						-	-	-	-
(R2)			-						-				-	-	-						-	-			-	-
(R3)	-	-	-	-	-	-													+	+	+	+	+	+	+	+

Abb.7: Ergebnis der Bewertung durch die Regeln R1 bis R3

Nicht auszuschließen ist allerdings, daß nach der Bewertung alle zur Auswahl stehenden Perspektiven blockiert sind. Soll in unserem Beispiel etwa noch die sich auf der Rückseite befindliche Aufhängung der Espressomaschine dargestellt werden, dann gibt es keine Perspektive, die mit allen Präsentationszielen vereinbar ist. In solchen Fällen sind dann entweder mehrere Abbildungen zu erzeugen, oder die nicht dargestellte Information muß auf anderem Wege, z.B. verbal, mitgeteilt werden.

5. Schlußbemerkung

Vorgestellt wurde ein Ansatz, bei dem der prinzipiell unendliche[5] Suchraum möglicher Perspektiven zunächst auf eine geringe Anzahl sich qualitativ unterscheidender Grundperspektiven eingeschränkt wurde, um aus diesen dann unter Rückgriff auf Wissen über Objekte und Darstellungstechniken eine der jeweiligen Präsentationssituation angemessene auszuwählen. Wir gehen davon aus, daß diese Grundperspektiven eine gute Basis für die Erzeugung von Darstellungen eines breiten Spektrums an Objekten bilden. Sicher ist richtig, daß für manche Objektklassen in bestimmten Präsentationssituationen bessere Ergebnisse erzielt werden können, wenn der Perspektivenwahl ein größerer Suchraum zugrundegelegt wird. Sollen beispielsweise mehrere Teile eines Objektes in einer Abbildung sichtbar sein, stellt sich die Wahl einer geeigneten Perspektive in erster Linie als geometrisches Problem. Wenn dann aber mit natürlicher Sprache auf die Abbildung Bezug genommen werden soll, kann wiederum auf die Grundperspektiven zurückgegriffen werden, um Perspektiven natürlichsprachlich zu beschreiben.

Noch offen ist die Frage, inwieweit sich der Ansatz für die Darstellung von Szenen eignet. Eine erste Überlegung zielt darauf ab, Szenen selbst als zusammengesetzte Objekte aufzufassen. Schwierigkeiten treten dann auf, wenn unterschiedliche Präsentationsziele nur durch geschicktes Arrangieren der Szenen-objekte zu erreichen sind.

Weitere Untersuchungen sind auch hinsichtlich der Kriterien zur Perspektivenwahl erforderlich. Zum einen können die aufgeführten Präsentationsziele verfeinert werden, etwa das Präsentationsziel `Wirkung erzielen´, zum andern lassen sich gewiß Objektklassen bestimmen, für die speziellere Kriterien zu besseren Ergebnissen führen. Wichtige Hinweise auf notwendige Modifikationen und Erweiterungen erwarten wir insbesondere auch durch die praktische Anwendung des Ansatzes.

---

[5] Selbst wenn nur ganzzahlige Koordinatentupel in Frage kommen und nur Positionen betrachtet werden, die einen bestimmten Abstand vom Objekt nicht überschreiten, verhält sich die Anzahl möglicher Perspektiven immerhin kubisch zu diesem Abstand.

Literatur

1. G. **Adorni**, M. **DiManzo** und F. **Giunchiglia**. Natural Language Driven Image Generation. In: COLING'84, S.495-500, 1984.

2. J.N. **Arnold**. Introductory Graphics. New York, Toronto, London: McGraw-Hill,1958.

3. H. **Espe**. Zum Einfluß von Kamerawinkeln auf die Beurteilung von Portraitfotografien - eine Erkundungsstudie. In: Semiotische Studien zur Kommunikation, Band 2, H. Espe (Hrsg.): Visuelle Kommunikation: Empirische Analysen. Hildesheim, Zürich, New York: Verlag G.Olms, S.166-182, 1986.

4. S. **Feiner**. APEX: An Experiment in the Automated Creation of Pictorial Explanations. IEEE Computer Graphics and Applications 5:11, S.129-140, 1985.

5. M. **Friedell**. Automatic Synthesis of Graphical Object Descriptions. In: Computer Graphics (ACM) 18(3), S.53-62, 1984.

6. E.H. **Gombrich**. Kunst und Illusion. Stuttgart, Zürich: Belser, 1978.

7. E. **Holder**. Design: Darstellungstechniken; ein Handbuch. Wiesbaden, Berlin: Bauerverlag, 1987.

8. T. **Meilhamer**. Grundkurs: Tiere zeichnen. Ravensburg: Otto Maier, 1987.

9. G.A. **Miller** und P.N. **Johnson-Laird**. Language and Perception. Cambridge: Cambridge University Press, 1976.

10. D.D. **Seligmann** und S. **Feiner**. Specifying Composite Illustrations with Communicative Goals. To appear in Proc. ACM UIST'89, Williamsburg, VA, 1989.

11. P. **van Sommers**. Drawing and Cognition. Cambridge, MA: Cambridge University Press, 1984.

12. D. **Wunderlich**. Raum, Zeit und das Lexikon. In: H. Schweizer (Hrsg.): Sprache und Raum: Psychologische und linguistische Aspekte der Aneignung und Verarbeitung von Räumlichkeit. Stuttgart: Metzler, S.66-89, 1985.

Schritte zur Generierung graphischer Präsentationen von Retrieval–Ergebnissen

Anja Kerner[*], David Redmiles[+,] Martin Kracker[*]

[*]Gesellschaft für Mathematik
und Datenverarbeitung – IPSI
Dolivostraße 15
D–6100 Darmstadt

[+]Department of Computer Science and
Institute of Cognitive Science
University of Colorado, Campus Box 430
Boulder, CO 80309, USA

Zusammenfassung: In diesem Beitrag wird ein prototypisches System vorgestellt, das einen wissensbasierten Ansatz zur Präsentation von Daten und Datenstrukturen realisiert: PreNet (Presenting Networks of Object Structures). Die zu visualisierenden Daten werden von einem Retrievalsystem geliefert, das sie aufgrund einer Anfrage an eine objektorientierte Datenbank selektiert hat. Das Anfrageergebnis ist im Grunde ein Teilausschnitt aus der Datenbank. Diese Form spiegelt jedoch die interne, formale Struktur der Datenbank wieder und ist deshalb, besonders für den gelegentlichen Benutzer, schwer verständlich.

Viele benutzerfreundliche Systeme zur Präsentation von Ergebnissen eines Datenbank–Retrievals begnügen sich entweder damit, Daten und Datenstrukturen einer Datenbankanfrage auf eine Menge vorgegebener, graphischer Objekte abzubilden, oder halten als Teil der Datenbank zu jedem Datum genau eine Präsentationsform. Die Aufgabe des Presentation Managers PreNet ist es jedoch, die gelieferten Datenbankobjekte in eine auf die Anfrage und die Daten bezogene Darstellungsform zu bringen und zu visualisieren. Dabei sollen sowohl die Dateninhalte als auch die Datenstrukturen in geeigneter Weise in der Darstellung präsentiert werden.

Die Daten werden in Form von Mappen 2 1/2D präsentiert und die Strukturen durch Graphen dargestellt, wozu Wissen über die Anwendung und den aktuellen Fokus verwendet wird.

1 Motivation

Im Rahmen der Entwicklung einer Benutzungsschnittstelle für ein Retrievalsystem soll ein Presentation Manager realisiert werden. Die erste Anforderung ist, daß die generierten Darstellungen von Retrieval–Ergebnissen für den Benutzer leicht verständlich sein müssen. Zweitens muß das Wesentliche, also der Fokus der Anfrage, durch die Wahl entsprechender Darstellungsmittel hervorgehoben sein. Deshalb haben wir den Schwerpunkt unserer jetzigen Arbeit auf *graphische, netzartige* Darstellungsformen gelegt, da diese Präsentationsformen den Anforderungen weitgehend entgegenkommen.

Wie Larkin in [11] mit Hilfe von Beispielen zeigt, ist in vielen Fällen eine *graphische* Präsentation besser als eine durch Listen oder durch eine andere *sequentielle* Präsentationsform, weil der Benutzer bestimmte Daten schneller finden, wiedererkennen und verstehen kann.

Böcker [3] begründet den Vorteil der Visualisierung damit, daß der Mensch ein sehr gut ausgeprägtes Visualisierungsvermögen besitzt. Nach Ansicht dieser Autoren liegt der Vorteil der graphischen Visualisierung gegenüber einer formalen, propositionalen Präsentation darin, daß Wahrnehmung und Schlußfolgerung von graphischen Visualisierungen einen geringeren kognitiven Aufwand erfordern. Die graphischen Präsentationen können leichter Aspekte der Datenstruktur unmittelbar wahrnehmbar darstellen als propositionale Repräsentationen.

2 Verwandte Arbeiten

Es werden nun zwei Systeme im Bereich der automatischen Präsentation vorgestellt, die wichtige Aspekte für den Entwurf und die Entwicklung von PreNet lieferten. Es handelt sich um das Konzept des Systems *APT* von Mackinlay und um das *Integrated Interface System* von Arens, Miller, Shapiro und Sondheimer am ISI.

Mackinlay [12] beschreibt das Konzept von APT, einem Prototypen zur automatischen Generierung -von statischen 2D Präsentationen relationaler Informationen. Es handelt sich um ein von der Applikation unabhängiges Präsentationssystem. Seine Ziele sind, (i) Darstellungen zu generieren, die keine Information implizieren, die nicht in den Daten enthalten ist und (ii) die 'wirkungsvollste' Präsentation zu finden. Dazu entwickelte Mackinlay einfache, atomare, graphische Sprachen und Kompositionsoperatoren, die ihm zusammen erlauben, Relationen durch die graphischen Sprachen zu kodieren. Balkendiagramme, horizontale und vertikale Achsen, Bäume, Tortendiagramme, Karten und Netzwerke sind Beispiele für verschiedene graphische Sprachen.

Aus seinen Beobachtungen zum Aufwand bei Interpretationen von graphischen Darstellungen leitet er eine Rangfolge ihrer visuellen Eigenschaften für die verschiedenen Datenmengen her. Die Daten werden in drei Wertebereichskategorien eingeteilt: kontinuierliches Intervall, geordnete und ungeordnete Wertemenge mit einer festen Anzahl an Werten. Für jeden dieser Wertebereiche hat Mackinlay festgelegt, wie gut die verschiedenen graphischen Sprachen die Werte darstellen können. Zum Beispiel werden die Werte eines kontinuierlichen Wertebereiches exakter wahrgenommen, wenn sie durch unterschiedliche Längen dargestellt werden, als wenn sich die Darstellungen der Werte durch verschiedene Farbsättigungen unterscheiden.

Im wesentlichen beschränken sich die Anwendungsbeispiele, die mit APT produziert wurden, auf Business Graphiken, die aus ein– und zweistelligen Relationen erzeugt werden. Mackinlay verweist zwar darauf, daß Bäume, azyklische Graphen und Netzwerke Informationen durch Verbindungen präsentieren, seine Arbeit läßt aber offen, wie *netzartige* Darstellungen aus Knoten und Kanten dargestellt werden können.

Arens beschreibt in [1], wie im Integrated Interface System mittels wissensbasierter Techniken dynamisch Displays generiert werden können, in denen verschiedene Präsentationsmodi integriert sind. Bei den Darstellungen handelt es sich um Kartendarstellungen, die u.a. durch Icons und Zeichenketten erweitert werden können. Das System baut auf zwei Modellen auf, dem *application model* und dem *interface model*. Das Applikationsmodell beinhaltet alle Objekte, Kategorien und Aktionen der Anwendungsdomäne, und die Beziehungen zwischen diesen. Das Interface–Modell beschreibt die vorhandenen Präsentationsobjekte und deren Aktionen in einem zweiten einheitlichen Modell, um die Integration der verschiedenen Darstellungsmodi in einem Display zu ermöglichen. Neben den bereits erwähnten Kartendarstellungen sind auch Texte und Icons typische Objekte des Interface–Modells. Mögliche Aktionen sind Löschen, Generieren, Bewegen und Strukturieren. Im Gegensatz zum Applikationsmodell wird das Interface–Modell nicht für jede Applikation neu entwickelt, sondern nur einmal. Beide Modelle wurden in NIKL, einem KL–ONE Derivat, implementiert [6].

Die Verbindung der beiden Modelle wird durch Regeln realisiert. Die Regeln bilden Objekte des Applikationsmodells auf Objekte des Interface–Modells ab. Beispielsweise werden in der beschriebenen Applikation, ein Marineinformationssystem über u.a. Positionen und Verfügbarkeiten von Schiffen, Standorte auf Koordinatenpunkte der Karte abgebildet.

Es wird zwischen anwendungsabhängigen, low–level Regeln und anwendungsunabhängigen, high–level Regeln unterschieden. Ein Beispiel für eine anwendungsabhängige Regel ist: "To request a choice among alternatives when the cardinality is large, use a fill–in–the–blank form; otherwise use a menu.", während "If the ship x is a disabled ship, then coloration is red" ein Beispiel für eine anwendungsabhängige Regel ist. Die Regeln zusammen mit dem Interface–Modell gewährleisten die Integration der verschiedenen Präsentationsmodi in einer Darstellung. Die eigentliche Generierung der Präsentation gliedert sich in die drei Teile: (i) Identifizieren der entsprechenden Kategorien des Applikationsmodells an Hand der darzustellenden Daten, die in Form von Propositionen vorliegen, (ii) Auswahl der Regeln, die auf diese Kategorien angewendet werden, unter Berücksichtigung von Anforderungen an die Präsentation und (iii) Anwenden der Regeln, wobei die Objekte der Applikation in geeignete Präsentationsformen überführt werden. Das Ergebnis wird durch Gerätetreiber interpretiert und zwecks Darstellung an die verschiedenen Subsysteme, wie beispielsweise Textgenerator und Kartengenerator, weitergegeben. Im Gegensatz zu diesem Systementwurf enthält das Applikationsmodell von PreNet nicht Wissen über den Anwendungsbereich, sondern die darzustellenden Daten. Das Wissen über den Anwendungsbereich wird dagegen in einer Anwendungswissensbasis gehalten.

3 Environment von PreNet

PreNet entsteht im Rahmen des Projektes Cogito, in dem eine Benutzungsschnittstelle für ein Datenbanksystem entwickelt wird, die sich an der zwischenmenschlichen Kommunikation orientiert. Der theoretische Hintergrund stammt aus der Kognitionspsychologie, der künstlichen Intelligenz und der pragmatischen Linguistik.

Die Aufgabe von PreNet besteht darin, eine geeignete Darstellung für das Ergebnis einer Benutzeranfrage an die Datenbank zu finden und zu präsentieren, das vom Knowledge Explorer geliefert wurde. Beim Knowledge Explorer [9] handelt es sich um ein Unterstützungssystem für den Retrieval auf einer objektorientierten Datenbank. Es unterstützt den Benutzer, die entsprechend seiner Sicht des Anwendungsbereiches formulierte Anfrage auf das Schema einer gegebenen Datenbank abzubilden. Dazu benutzt es eine Wissensbasis mit Konzepten des Anwendungsbereiches und eine Metadatenbank mit Informationen über die Struktur der Datenbank.

Gegenwärtig enthält der Anwendungsbereich komplex strukturierte, bibliographische Daten, die in der Framesprache CRL [7] modelliert wurden. CRL–Objekte bestehen aus Slots, die entweder atomare Werte oder Referenzen auf andere Objekte enthalten. Bei Objekten unterscheidet man Klassen und Instanzen, wobei jede Instanz einer Klasse zugeordnet ist.

4 Design–Aspekte der Präsentation

Dieses Kapitel diskutiert die wesentlichen Entscheidungen, die beim Entwurf des ersten PreNet–Prototypen getroffen wurden. Die Entscheidungen betreffen die Wahl der Präsentationsform, der Dimensionalität und die der Darstellungsmetapher.

Das Resultat einer Datenbankanfrage, das PreNet darstellen soll, besteht aus Klassenbeschreibungen und Instanzenbeschreibungen. Die Klassen sind quasi die Behälter der Instanzen, wobei jede Instanz zu einer Klasse gehört. Da der Mensch Elemente geordneter Mengen leichter erkennen kann, werden die Instanzen nach einem geeigneten Ordnungskriterium, zum Beispiel alphabetische Reihenfolge eines Attributs, in ihrem Behälter angeordnet. Um die kognitive Kompatibilität zwischen Darstellung und darzustellenden Strukturen zu erhöhen, soll eine Metapher für die Darstellung verwendet werden (cf. [15]). Die Metapher zur Darstellung der Daten muß die folgenden verschiedenen Anforderungen erfüllen. Von der Benutzerseite wird die Möglichkeit verlangt, daß die dargestellte Information mit wenig Aufwand durchgesehen werden kann und gegebenenfalls auf Wunsch hin vollständig präsentiert wird. Die technischen Forderungen verlangen, daß die Darstellungen auf dem Bildschirm platzsparend und schnell berechenbar sind.

Im Bürobereich ist seit langem ein manuelles Ablagesystem im Einsatz, das diese Anforderungen erfüllt – die *Hängeregistratur*. Die Information wird wohlorganisiert auf einzelne Hängemappen verteilt, wobei jede Mappe mit einem Reiter versehen ist. Die Außenseite der Hängemappe dient dazu, weitere Kurzinformationen über den Inhalt der Mappen aufzunehmen. Die Mappe selbst nimmt relativ wenig Platz ein. Der Benutzer nutzt die Bemerkungen auf den Hängemappen und die Reiterinformation, um schnell eine Vorstellung vom Mappeninhalt zu bekommen und um dann die Mappen auszuwählen, auf deren vollständigen Inhalt er zugreifen möchte. Wir verwenden daher die entsprechende Metapher, wobei Operationen, die in der realen Welt möglich sind, auch in PreNet erlaubt sein sollen. Dabei entsprechen die Hängeregistraturen den Klassen und die Mappen den Instanzen. Wie in der realen Welt werden die Mappen optisch hintereinander angeordnet (Abbildung 2).

Die Grenze der Anwendbarkeit einer Metapher zeigt sich meist dadurch, daß nur bestimmte Aspekte des Systems von ihr abgedeckt werden. In der virtuellen Systemwelt dagegen sind auch *irreale* Operationen möglich, die außerhalb der Metaphernwelt liegen. Im folgenden Kapitel wird beispielhaft eine Operation vorgestellt, die Beziehungen zwischen einzelnen Mappen sichtbar machen kann, wie es in der realen Welt nicht möglich ist.

Als eine geeignete Darstellungsform für ein Ergebnis des Datenbankretrievals werden netzartige Darstellungsformen, wie Graphen, verwendet. Graphen bestehen aus Knoten und Kanten, wobei die Knoten komplex, d.h. wieder eine Struktur, sein können. Solch erweiterten Graphen wurden gewählt, da diese üblicherweise bereits zur Darstellung von abstrakten Situationen benutzt werden. Zum Beispiel beschreibt ein Soziogramm die Beziehungen von Gruppenmitgliedern zueinander, wobei die Knoten die Gruppenmitglieder und die Kanten zum Beispiel die Art des Umgangs repräsentieren. Im Bereich der Informatik wurden abstrakte Graphen durch Entity–Relationship Darstellungen, Semantische Netze, Objekthierarchien und viele andere bekannt.

Um eine Entscheidung bzgl. der Dimensionalität der Darstellungen treffen zu können, müssen die Vor– und Nachteile von 2D und 3D einander gegenübergestellt werden. Ein Vorteil von 3D Layouts ist, daß sie auf einem 2D Bildschirm kompaktere Darstellungen von Graphen liefern als 2D Darstellungen. Da die z–Werte in 3D Darstellungen kontinuierlich sind, kann eine bessere Tiefeninformation erzielt werden.
Eines der wenigen 3D Präsentationssysteme ist SemNet [5]. Es präsentiert 3D Darstellungen in Fisheye View. Wie das Ergebnis der Untersuchungen zur Darstellung großer Datenbanken zeigte und es auch die vorgestellten Bilder erkennen lassen, ist die 3D Darstellung für abstrakte Graphen wenig geeignet. Dies beruht im wesentlichen darauf, daß es sich bei dreidimensionalen Graphen selten um intuitive, leicht lernbare Darstellungen handelt.
Die Vorteile der 2D und 3D Darstellungen vereinigen sich in der 2 1/2D Darstellung. In der 2 1/2D Darstellung werden die x–y Ebenen üblicherweise in der dritten Dimension diskret angeordnet. Es entsteht ein *Stapel* von 2D–Ebenen.
Wie der Bildschirmentwurf in Abbildung 2 zeigt, werden in PreNet nur die Datenobjekte 2 1/2D dargestellt. Die Darstellung der Beziehungen zwischen den Datenobjekten ist 3D, wodurch die Abbildungen übersichtlich bleiben.
Um Verwechslungen mit anderen Systemen, zum Beispiel Hypertextsystemen, vorzubeugen, die aufgrund von graphischen Ähnlichkeiten bezüglich der Darstellungen entstehen könnten, werden die wesentliche Merkmale von PreNet zusammengefaßt: (i) PreNet erzeugt die graphischen Objekte, d.h. die Knoten und Kanten, und nicht der Benutzer, (ii) die Daten von PreNet sind sehr stark und in unterschiedlichen Abstraktionsstufen strukturiert und (iii) die Kanten und Knoten von PreNet sind typisiert.

5 Funktionalität und Implementation

PreNet ist ein erster Prototyp des Presentation Managers, einer Komponente der im Projekt Cogito zu entwickelnden Retrievalschnittstelle, und sorgt für die graphische, netzartige Ausgabe der Daten.
Da die Daten auf verschiedenen Abstraktionsstufen gesehen werden können, ergeben sich sich zwei Darstellungen: die Klassendarstellung und die Instanzendarstellung. In der Klassendarstellung symbolisieren die Knoten des Netzes die Klassen (Abbildung 1) und in der Instanzendarstellung die Instanzen der Klassen (Abbildung 2), wobei sich die Instanzen entsprechend ihrer Klassenzugehörigkeit gruppieren. Die Kanten stellen die Relationen zwischen den Klassen bzw. Instanzen dar.
Die ersten beiden Abbildungen zeigen die Klassendarstellung und die Instanzendarstellung, die aufgrund der hier sprachlich paraphrasierten Benutzeranfrage

"Welche Publikationen sind mit "Sehen" beschlagwortet? Zeige mir diese, deren Autoren und die anderen Schlagworte der Publikationen."
generiert wurden.
Eine besondere Instanz ist die virtuelle Sammelmappe *weitere*. Sie repräsentiert alle die Instanzen einer Klasse, die aus graphischen oder kognitiven Gründen nicht dargestellt werden konnten. Zeigt ein Beziehungspfeil, wie in Abbildung 2, auf das Objekt *weitere*, bedeutet dies, daß es noch Mappen gibt, die für die selektierte Publikation relevant sind, aus Platzmangel aber nicht gezeigt werden können. "2 von 55", wie in unserem Beispiel bei den Schlagworten, heißt: 2 weitere Schlagworte von 55 werden von 'arnheim72' referenziert.
Sowohl in der Klassendarstellung als auch in der Instanzendarstellung löst der Benutzer durch Menüselektion Operationen auf den dargestellten Objekten aus. Zu allen graphischen Objekten wird ein popup–Menü angeboten. Bei der graphischen Operation *move* bewegt der Benutzer das ausgewählte Objekt

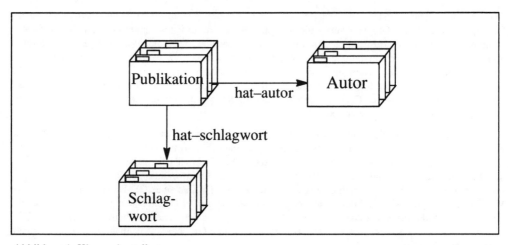

Abbildung 1: Klassendarstellung

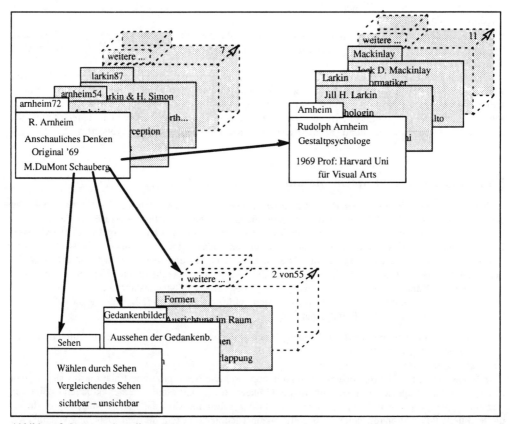

Abbildung 2: Instanzendarstellung

an eine andere Stelle, wobei die Verbindungslinien zwischen den Instanzen bzw. Klassen automatisch angepaßt werden. Es handelt sich dabei um eine Oberflächenoperation ohne Zugriff auf die Anwendungsdaten. Andere Operationen hingegen beziehen sich auf die Applikationsdaten, wie beispielsweise die *roll*–Operation, die auf die Instanzendarstellung angewendet wird. Bei der roll–Operation ist es notwendig, die Klasse dieser Instanzen zu inspizieren und nachzusehen, welche weiteren Instanzen vorhanden sind, aber noch nicht dargestellt wurden. Am Bildschirm wird die Mappe an der vordersten Position entfernt und an die letzte Stelle gesetzt, wodurch die nachfolgenden Mappen um eine Position nach vorne rücken.

Um eine Vorstellung von der Funktionalität des Systems zu geben, werden folgende drei Operationen besprochen: *show, open*, und *sort*. Die Operation *open* auf einer Instanz bewirkt, daß der vollständige Inhalt der Mappe ausgegeben wird. Bei der *sort*–Operation werden die Instanzen der Klasse nach einem angegebenen Sortierkriterium neu angeordnet.

Die *show*–Operation hebt das selektierte Objekt von den anderen seiner Klasse graphisch ab und zieht alle seine Verbindungen zu den Instanzen anderer Klassen, zu denen eine Beziehung vorliegt. Dies wird nun an einem Beispiel erläutert.

Auf die bereits bekannte Frage "Welche Publikationen sind mit "Sehen" beschlagwortet? Zeige mir diese, deren Autoren und die anderen Schlagworte der Publikationen." hin präsentiert das System die Abbildungen 1 und 2. In der Instanzendarstellung ist die erste aufgeführte Publikation zusammen mit ihren Autoren und ihren Schlagworten exponiert dargestellt. Auf diese Weise erkennt der Benutzer die Strukturzusammenhänge der Instanzen und Klassen. Führt der Benutzer nun die show–Operation auf eine andere Publikation, zum Beispiel 'larkin87', aus, bedeutet dies, daß der Benutzer diese Publikation, deren Autoren und Schlagworte sehen will. Daraufhin wird larkin87 vollständig sichtbar gemacht und weiß unterlegt. Außerdem wird die zugehörige Autor–Mappe 'larkin' exponiert präsentiert und ebenso die zugehörigen Schlagwort–Mappen. Analog wird die show–Operation auf Instanzen anderer Klassen behandelt. Das Verhalten des Systems beruht auf dem Prinzip, daß immer das selektierte Objekt und, soweit möglich, alle in Beziehung stehenden Objekte nicht nur sichtbar, sondern auch hervorgehoben sein sollen. Unter Umständen führt das System roll–Operationen aus, um die durch die virtuelle Sammelmappe *weitere* aggregierten Objekte auf dem Bildschirm darzustellen.

Der geschilderte Ablauf findet sich auch bei anderen graphischen Netzwerk–Editoren. Die Besonderheit von PreNet ist jedoch die Realisierung der Entwurfsentscheidungen aus Kapitel 4 durch eine erweiterbare Architektur, in der die Präsentationen die Verschiedenheit der Objekte, Klassen und Instanzen berücksichtigen können. Für erweiterbare Architekturen eignen sich objektorientierte Systeme besonders gut. Der PreNet–Prototyp basiert auf der sogenannten *model–view–controller* Architektur (MVC–Architektur) (cf. [8], [10]), die besonders für objektorientierte Programmierung geeignet ist.

Im folgenden wird die MVC–Architektur kurz erläutert und auf deren Vorteile eingegangen. Die MVC–Architektur besteht aus drei verschiedenen Komponenten (siehe Abbildung 3). Das *model* beinhaltet die Applikationsdaten, die in PreNet den Anfrageergebnissen entsprechen. Die *view* schließt alle die graphischen Objekte ein, die zur Darstellung der Daten benutzt werden. So werden in PreNet beispielsweise die Mappen durch View–Objekte dargestellt. Die Objekte des *controller* stellen die Verbindung zwischen View– und Modell–Objekten her, wodurch die Benutzerinteraktion mit Modell und View realisiert wird. Das Auslösen von Aktionen aufgrund von Menüselektionen wird durch die Controller–Objekte verwaltet, die die entsprechenden Operationen im Modell und in der View initiieren.

Die Trennung von Applikationsobjekten und Präsentationsobjekten bringt entscheidende Vorteile. Sie bewahrt die Repräsentation der Anwendungsdaten davor, zusätzliche Information verwalten zu müssen, die ausschließlich für das graphische Gestalten notwendig ist. Zum Beispiel enthält 'Autor', ein Objekt des Applikationsmodells, keine x–y Koordinaten, die angeben, wo das Icon von 'Autor' gezeichnet wurde. Alles was die Darstellung betrifft, wird von den View–Objekten verwaltet. Eine solche Modularität unterstützt die Verwaltung und erleichtert die Erweiterung des ganzen Systems.

Durch die Spezialisierung von View–Objekten kann zum Beispiel eine 'Publikation', die ein Objekt im Modell ist, in der einen Darstellung als 'Buch', in einer anderen als 'Zeitschrift' dargestellt werden. Die Spezialisierung von Objekten bezieht sich auf die Darstellungsform und auf das Objektverhalten und kann durch Vererbungsmechanismen implementiert werden. Die MVC–Architektur und ein objektorientierter Programmierstil unterstützen die Realisierung besonders. Auf diese Weise erhält man auch die Möglichkeit, spezialisierte Controller– und View–Klassen zu implementieren. Wenn ein Modell–Objekt mit verschiedenen Controller–View Paaren verbunden ist, kann man unterschiedliche Darstellungen derselben Ausgangsdaten erzeugen.

Schließlich kann die MVC–Architektur um weitere Kontrollmechanismen erweitert werden, zum Beispiel um sogenannte Dämonen, die auf Veränderungen im Modell reagieren, indem sie diese Änderungen an entsprechende View–Definitionen durchreichen.

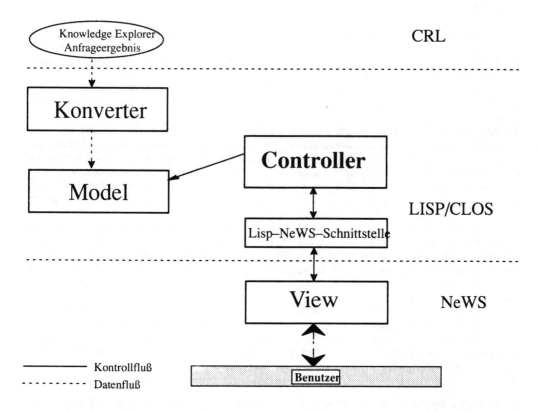

Abbildung 3: Die PreNet Architektur

Im folgenden wird die Architektur des PreNet–Prototypen, die in Abbildung 3 vorgestellt wird, beschrieben. Die Funktionen von Modell, View und Controller, die Teil von PreNet sind, wurden bereits erläutert. Das Modell und der Controller wurden in der objektorientierten Sprache CLOS (Common Lisp Object System) implementiert, während für die View das objektorientierte Graphiksystem NeWS (Network extensible Window System), verwendet wurde ([4]; [13]).
Da der Knowledge Explorer die darzustellenden Daten als CRL–Objekte liefert, muß der *Konverter* diese in CLOS–Objekte des Modells umwandeln. Er baut die CLOS–Objekte und –Klassen anhand der Klassen– und Instanzenbeschreibungen des Knowledge Explorers auf.
Der Controller verbindet die CLOS–Objekte des Modells mit den graphischen NeWS–Objekten der View. Die Controller– und View–Objekte tauschen ihre Messages über die LISP–NeWS–Schnittstelle aus.

6 Wissensbasierte Erweiterungen

Das folgende Kapitel stellt nun weiterführende und zum Teil schon angelaufene Arbeiten vor. Die Arbeiten tragen dazu bei, daß die Präsentationen der Daten besser an die Art der Daten angepaßt werden. Ein gemeinsames Merkmal der folgenden Arbeiten ist auch die wissensbasierte Herangehensweise. Alle Arbeiten resultieren in einer Erweiterung des Controller, da er die Wahl der Präsentationsform steuert.

6.1 Berücksichtigung des Fokus der Anfrage

Die meisten Arbeiten auf dem Gebiet von Benutzungsschnittstellen fixieren sich auf die Abbildung der Daten und Datenstrukturen, wobei der Fokus der getätigten Benutzereingabe ignoriert wird. Unser Fokusbegriff wird in Anlehnung an Firbas und Sgall definiert (cf.[14]) und entspricht in unserem Projekt dem Thema–Rhema der Anfrage. Das Rhema ist die neue, nicht ableitbare Information und das Thema die ableitbare, d.h. bekannte, Information ist. Das Rhema wird meist durch das W–Fragewort bezeichnet. Zum Beispiel ist das Rhema der Anfrage "Welche Publikationen sind mit "Sehen" beschlagwortet? Zeige mir diese, deren Autoren und die anderen Schlagworte der Publikationen." zunächst durch das Fragewort *welche* festgelegt. Der Fokus liegt auf 'Publikationen' und das Thema auf 'Sehen'. Der zweite Satz präzisiert das Rhema durch Autoren und Schlagworte.

Der Fokus, also der Informationskern der Anfrage, wird durch die Dialog Manager–Komponente des Projektes Cogito erkannt und an PreNet weitergegeben. Das Wissen über den Fokus dient PreNet dazu, die Daten des Anfrageergebnisses hervorzuheben, die sich auf den Fokus beziehen. Auf diese Weise wird die Aufmerksamkeit auf die relevanten Daten gelenkt und der Benutzer wird in seinem Such– und Erkennungsprozeß unterstützt. Die Hervorhebung des Fokus wird mittels der sogenannten *graphischen Variablen* realisiert.

6.2 Die graphischen Variablen

Der Begriff *graphische Variable* wurde erstmals von Bertin [2] geprägt und umfaßt im wesentlichen x– und y–Position, Farbe, Form, Größe, Intensität, Textur und Ausrichtung von graphischen Objekten. Graphische Variable haben einen starken Einfluß auf die menschliche Perzeption einer Darstellung. Durch ihre Veränderung kann die Wahrnehmung gesteuert werden. Beispielsweise zeigen verschiedene Formen, Größen und Ausrichtungen von Objekten ihre Zusammengehörigkeit an und welche Beziehungen zu anderen Objekten bestehen.

Die folgenden zwei abstrakten Abbildungen zeigen beispielsweise

a) Gruppenbildung durch Positionierung

b) Gruppenbildung durch Form und Untergruppenbildung durch Ausrichtung der Elemente.

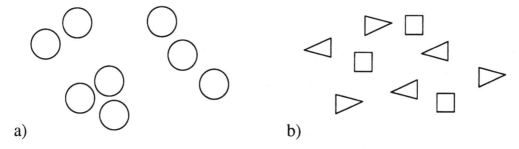

a)   b)

Abbildung 4: Beispiele für Gruppenbildungen

Mackinlay [12] vergleicht verschiedene graphische Variablen hinsichtlich des kognitiven Aufwandes, um entsprechende graphische Darstellungen zu interpretieren. Dabei setzt er auf Arbeiten von Cleveland und McGill auf. Das Ergebnis ist eine Rangfolge der Variablen, die angibt, wie gut die Variablen zur Kodierung geeignet sind (vgl. Kapitel 2). Unser Ziel ist es, durch Regeln die Anwendung der graphischen Variablen zu steuern. Bei der Spezifizierung dieser Regeln kann auf zahlreichen, empirisch abgesicherten Ergebnissen aus der Kognitionspsychologie aufgebaut werden. Beispielsweise enthält die Menge der gleichzeitig wahrnehmbaren/ verarbeitbaren Informationseinheiten 7 plus/minus 2 Elemente. Eine andere Erkenntnis besagt, daß die verschiedenen Repräsentationsformen, wie zum Beispiel die analoge und die propositionale, ineinander übersetzt werden. Ein weiteres kognitives Wahrnehmungsphänomen ist die Bevorzugung bestimmter Syllogismen in menschlichen Denkprozessen.

6.3 Icons

Die Information, die der Presentation Manager präsentieren soll, besteht aus Klassenbeschreibungen und Objekten. Jede Klasse und jede Instanz soll auch durch ein *Icon* darstellbar sein, da Icons oft intuitiv und leicht erfaßbar sind [16]. Deshalb wird jedem Objekt der Anwendungsdomäne explizit ein Icon zugeordnet. Wie die Objekte sind die Icons dann – im Gegensatz zu dem in Kapitel 2 beschriebenen Integrated Interface System – Bestandteil des Anwendungswissen und nicht des Interface Models und werden deshalb in einer eigenen Wissensbasis gehalten. Da wir eine objektorientierte Wissensbasis verwenden, verringert sich durch Mehrfachverwendung vorhandener Icons der Aufwand bei Erweiterung des Anwendungswissens um einen neuen Begriff. Die entsprechende Erweiterung bei Icon–Zuordnung geschieht automatisch durch Vererbung des Icon vom Oberbegriff an den eingefügten Unterbegriff. Wenn ein Icon zwei verschiedene Objekte in einer Darstellung präsentieren muß, herrscht Mehrdeutigkeit. Um die Mehrdeutigkeit aufzuheben, kann entweder der Benutzer ein neues Iconimage angeben oder eines der Icons wird durch eine andere, geeignete und eindeutige Präsentationsform ersetzt.

6.4 Charakterisierende Attribute der Instanzen

Wie die Instanzendarstellung in der Abbildung 2 zeigt, stehen bereits auf jeder dargestellten Mappenhülle Informationen. Es handelt sich dabei um solche Informationen, die den Inhalt der Mappe am besten charakterisieren. Die Attribute, die diese Werte enthalten, werden *charakterisierende Attribute* genannt. Beispielsweise sind die charakterisierenden Attribute von 'Publikation':

– Autoren
– Titel
– Verlag
– Ort
– Jahr

Das Objekt 'arnheim72', eine Publikation in der Datenbank, wie in Abbildung 5 gezeigt ist, wird deshalb folgendermaßen dargestellt:

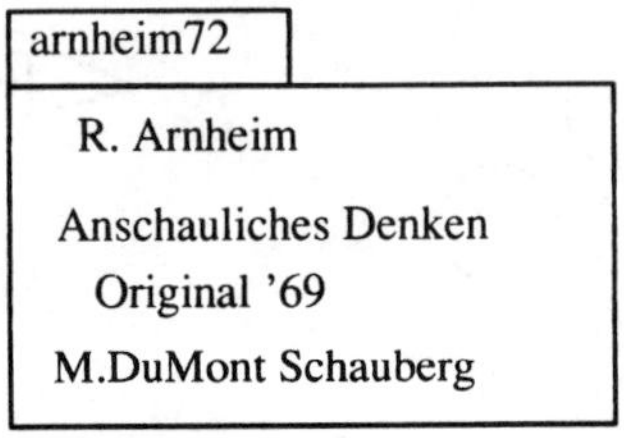

arnheim72

R. Arnheim

Anschauliches Denken
Original '69
M.DuMont Schauberg

Abbildung 5: Mappenhülle von 'arnheim72'

Ähnlich dem Wissen über Icons, handelt es sich auch hier um Anwendungswissen, das deshalb in der gleichen Anwendungswissensbasis wie die eben beschriebenen Icons gehalten wird. Das Prinzip der Vererbung ermöglicht auch hier eine leichte Erweiterung der Wissensbasis. Die charakterisierenden Attribute "Autoren", "Titel", "Verlag", "Ort" und "Jahr" können beispielweise von der Klasse 'Publikation' an die Klasse 'Artikel in Buch' vererbt werden. Im allgemeinen haben die *lokalen* charakterisierenden Attribute höhere Priorität bei der Darstellung als die geerbten. Unter lokalen Attributen werden die charakterisierenden Attribute einer Instanz verstanden, die nicht geerbt wurden. Ein Eintrag auf der Mappe wird zum Teil durch den vorhandenen Platz auf der Mappe bestimmt. Andererseits kann es vorkommen, daß keine Werte für ein gerade relevantes Attribut in der zugrundeliegenden Datenbank vorhanden sind. Dann können andere Attribute auf die Mappe geschrieben werden, die zuvor keinen Platz gefunden hätten.

7 Zusammenfassung

In diesem Beitrag wurde ein Präsentationssystem für ein Retrievalsystem vorgestellt, das im Gegensatz zu bekannten Systemen die Art der Daten und den Fokus der Anfrage in die Generierung der Präsentationen einbezieht. Dazu verwendet es Wissen über den Anwendungsbereich und Wissen über die Anwendung von graphischen Kodierungsmöglichkeiten, um die Wahrnehmung des Betrachters auf den Fokus der Anfrage zu lenken.

Die offene Systemarchitektur des Prototypen ermöglicht sukzessive Erweiterungen, sodaß nicht nur weitere graphische Darstellungen für Anwendungsobjekte eingebunden werden können, sondern auch andere Modi wie beispielsweise Animation, Video–Icons und Audio–Ausgabe angewendet werden können.

Literatur

[1] Yigal Arens, Lawrence Miller, Stuart C. Shapiro, Norman K. Sondheimer, "Automatic Construction of User–Interface Displays", *AAAI–88 Proceedings of the Seventh National Conference of Artificial Intelligence*, St. Paul, Minnesota, August 1988

[2] Jaques Bertin, *Semiology of Graphics*, The University of Wisconsin Press, Madison, Wisconsin, USA, 1983, übersetzt von William J. Berg

[3] Heinz–Dieter Böcker, Gerhard Fischer und Helga Nieper, "The Enhancement of Understanding through Visual Representations", in *Proceedings of the CHI' 86 Conference on Human Factors in Computing Systems*, April 13–17, 1986, Boston pp. 44–50

[4] *Common Lisp Object System Specification*, Entwurf

[5] Kim M. Fairchild, Steven E. Poltrock und George W. Furnas, "SemNet", in *Cognitive Science And Its Applications for Human–Computer Interaction*, Raymonde Guidon (eds.), Hillsdale, New Jersey, 1988

[6] Tom Kaczmarek, Ray Bates und Gabriel Robins, "Recent Developments in NIKL", in *Proceedings AAAI–86, Philadelphia*, PA, August, 1986

[7] *Knowledge Craft Manual*, Carnegie Group Inc, 1986

[8] Brad J. Kox, *Object–oriented Programming*, Addison Wesley, 1986

[9] Martin Kracker und Erich J. Neuhold, "Schema Independent Query Formulation", in *Proceedings of the 8th International Conference on Entity–Relationship Approach*, 18–20 Okt. 89, Toronto, Kanada, 1989

[10] Glenn E. Krasner und Stephen T. Pope, *A Cookbook for using the Model–View–Controller User Interface Paradigm in Smalltalk–80*, ParcPlace Systems, Januar 1988

[11] Jill H. Larkin und Herbert A. Simon, "Why a Diagram is (sometimes) worth ten thousand words", in *Cognitive Science 11*, pp. 65–99, 1987

[12] Jock D. Mackinlay, *Automatic Design of Graphical Presentation*, Report No. STAN–CS–86–1138, Department of Computer Science, Stanford University, Dez. 1986

[13] *NeWS Manual*, Sun Microsystems, Inc. Mountain View CA, 1988

[14] Petr Sgall, Eva Hajicova und Eva Benesova, *Topic, Focus and Generative Semantics*, Kronberg/Taunus, 1973

[15] Norbert A. Streitz, *Psychologische Aspekte der Mensch–Computer–Interaktion*, Arbeitspapiere der GMD 344, Okt. 1988

[16] William T. Wood und Susan K. Wood, "Icons in Everyday Life", in *Proc. of the 2nd International Conference on Human–Computer–Interaction*, Honolulu, Hawai, 10.–14. Aug. 1987, pp. 97–104, 1987

Die Umsetzung deklarativer Beschreibungen von Graphiken durch Simulated Annealing

Dieter Bolz   Karl Wittur

GMD

Gesellschaft für Mathematik und Datenverarbeitung mbH

Postfach 1240

D-5205 St. Augustin 1

Zusammenfassung

Rein numerische, koordinaten-orientierte Beschreibungen von Graphiken sind nur aufwendig zu erstellen und entsprechen nicht der menschlichen Art und Weise, über Graphiken zu denken und zu kommunizieren. Die Transformation einer adäquaten, abstrakten Beschreibung in ausführbare graphische Operationen auf einer Maschine erweist sich aber als komplexes Problem. In diesem Bericht wird gezeigt, wie die Methode des *Simulated Annealing* für die Problemstellung der Erzeugung von Graphiken aus einer deklarativen Beschreibung herangezogen werden kann. Es wird eine Constraint-Sprache definiert, deren Ausdrücke ein spezieller Übersetzer in eine für das Verfahren benötigte Kostenfunktion übersetzt. Schließlich werden Mängel des Verfahrens identifiziert und Möglichkeiten zu Verbesserungen aufgezeigt.

1   Einleitung

In der klassischen graphischen Datenverarbeitung werden graphische Inhalte *analogisch* durch numerische Werte und darauf wirkende Operationen beschrieben. Die künstliche Intelligenz ist hingegen eher bemüht, solche Inhalte in *propositionaler*, sprich symbolischer Form, darzustellen.

Natürlichsprachliche Formulierungen zur Erzeugung solcher Inhalte sind beispielsweise:

- „Lege das Rechteck in die linke obere Ecke der Graphik"

- „Die beiden Kreise sollen sich nicht überschneiden"

- „Der Pfeil soll auf den Mittelpunkt der oberen Linie des Rechtecks zeigen"

- „Ordne die Dreiecke so an, daß ihre Mittelpunkte auf einem Kreis liegen"

- „Das Verhältnis der beiden Seitenlängen soll dem goldenen Schnitt genügen"

Es ist ein Problem, eine Umsetzung von einer Darstellungsform in die andere zu finden. Die eine Richtung, nämlich die *Analyse* einer in analogischer Form gegebener Graphik, soll in diesem Bericht nicht weiter verfolgt werden, vielmehr interessiert uns hier die *Generierung*, also die Aufgabe, aus einer deklarativen Beschreibung die Koordinaten der zu erzeugenden Graphik zu bestimmen.

Ansätze zur Lösung dieses Problems finden wir unter anderem bei Borning [5], Leler [14], van Wyk [18], Nelson [13] und Gosling [9]. Bei diesen Systemen wird versucht, die notwendige *constraint satisfaction* durch das Lösen linearer Gleichungssysteme oder durch Techniken wie *constraint propagation* auf der symbolischen Ebene zu erreichen. Erstere Vorgehensweise leidet unter dem Nachteil, daß nichtlineare Abhängigkeiten nicht behandelt werden können, letztere findet ihre Grenzen, wenn komplexe zyklische Abhängigkeiten im gegebenen System vorliegen. Zudem muß dabei für jede Form von Constraints angegeben werden, auf welche Weise deren Einhaltung erreicht werden kann.

Der hier vorgeschlagene Ansatz umgeht diese Schwierigkeiten durch Anwendung einer unter dem Begriff *Simulated Annealing* bekannten Technik, die ursprünglich zur Lösung von Problemen der kombinatorischen Optimierung [1] verwendet worden ist, aber auch zur Optimierung kontinuierlicher Funktionen [8] mit Erfolg eingesetzt wurde. Die wesentlichen Vorteile dabei sind:

- Im Prinzip kann alles generiert werden, was auch analysiert werden kann. Das heißt, man muß nur eine Funktion angeben, die bestimmt, *wie gut* eine vorliegende Graphik die gegebenen Bedingungen erfüllt. Es ist mithin nur indirekt notwendig, dem Verfahren Wissen darüber mitzugeben, *wie* man zu einer Lösung gelangt.

- Zyklische Abhängigkeiten bereiten keinerlei Probleme.

- Bei in Konflikt zueinander stehenden Nebenbedingungen findet das Verfahren automatisch eine Lösung, die einem optimalen Kompromiß entspricht.

- Es ist möglich, relative Gewichtungen und Prioritäten für die einzelnen Constraints anzugeben.

- Das Verfahren ist inhärent parallelisierbar und kann durch geeignete Hardware unterstützt werden.

2   Umfeld der Arbeiten

Die hier beschriebenen Arbeiten sind Bestandteil des auf 4 Jahre festgesetzten, BMFT-geförderten Verbundvorhabens *TASSO*. Ziel dieses Projektes ist es, Anwendungen von KI-Techniken zur Behandlung vagen Wissens im Umfeld graphischer Problemstellungen zu untersuchen. GMD-intern ist dieses Projekt in das Leitvorhaben „Assistenzcomputer" [11] eingebunden, dessen Vision es ist, technischen Systemen intelligente *Assistenzeigenschaften* zu verleihen.

Vor allem für den Bereich der Graphik sind folgende Einzelvorhaben geplant oder schon in Arbeit:

- wissensbasierte Unterstützung beim Konfigurieren von Graphiken und Dokumenten, insbesondere Geschäftsgraphiken,

- automatisches, regelbasiertes Verschönern von Graphiken (*Beautifying*, siehe auch [16] und [3]),

- Suche und Vervollständigung von vage beschriebenen Graphiken,

- Behandlung der Problematik der zugehörigen Benutzerschnittstellen.

Die bisherigen Aktivitäten innerhalb von TASSO haben zur Definition einer Hierarchie von Beschreibungsmitteln für Graphiken geführt, die als Basis für die Integration der unterschiedlichen Systemleistungen dient. Vorläufig sind 5 verschiedene Ebenen vorgesehen:

Ebene 0: Diese Ebene realisiert die konventionelle objektorientierte Darstellung von Graphiken.

Ebene 1: Erweitert Ebene 0 um abgeleitete einfache topologische und geometrische Prädikate und Relationen, die für die Beschreibung der Graphik an sich nicht notwendig, aber aus dieser algorithmisch ableitbar sind.

Ebene 2: Stellt Kompositionsoperatoren zur Verfügung, mit denen zusammengesetzte Objekte beschrieben werden können [4].

Ebene 3: Komplexe zusammengesetzte Objekte und Strukturen, die vermittels Techniken wie Clusteranalyse, Mustererkennung und heuristischer Methoden unter Verwendung von *assoziativen* [10] und *nicht-monotonen* Reasoning-Techniken [7, 12] aus der einfachen Beschreibung abgeleitet werden können.

Ebene 4: Einbeziehung anwendungsspezifischen semantischen Hintergrundwissens.

Bei der Beschreibung von Beispielen werden wir auf Ausdrücke dieser Sprache zurückgreifen.

3 Simulated Annealing

Simulated Annealing stammt ursprünglich aus dem Gebiet der kombinatorischen Optimierung und bezeichnet ein Verfahren zur Bestimmmung einer (sub-)optimalen Lösung eines zumeist NP-harten Problems. Die Vorgehensweise bei diesem Verfahren ist physikalischen Vorgängen aus der Thermodynamik nachempfunden.

Es basiert auf der Auswertung einer Kostenfunktion an zufällig ausgewählten Vektoren des Problemraums. Die Kostenfunktion soll ihre globalen Minima bei den Lösungen des Problems annehmen. Eine wichtige Bestimmungsgröße bei dem Verfahren ist dabei die *Temperatur* des Gesamtsystems. Neu generierte Vektoren werden normalerweise dann akzeptiert und als bislang beste gefundene Lösung beibehalten, wenn sie eben besser als alle bisher ausgewerteten Vektoren waren. Aber, wenn das System noch *heiß* ist, kann es vorkommen, daß ein Vektor auch dann akzeptiert wird, wenn er schlechter als das bisher gefundene Optimum ist. Mit sinkender Temperatur kommt das immer seltener vor. Wenn das Abkühlen hinreichend langsam erfolgt, kann man auf diese Art sicherstellen, daß das Verfahren sich nicht in lokalen Minima verfängt.

Eine einfache Kostenfunktion ist zum Beispiel: $bewertung([x1, y1, x2, y2]) = abs(y1 - y2)$, wenn eine durch die Punkte $(x1, y1)$ und $(x2, y2)$ gegebene Linie horizontal sein soll.

Der Algorithmus läßt sich kurz folgendermaßen beschreiben:

```
procedure SIMULATED-ANNEALING
                param Kostenfunktion bewertung(i)
                Vektor i
        Bestimme Anfangswerte für Temperatur c0
        und Anzahl der Durchläufe pro Temperaturwert l0
        loop for k from 0
            loop repeat lk
                Generiere einen neuen, zufälligen Vektor j          (α)
                if bewertung(j) ≤ bewertung(i)
                then i := j
                else if exp( (bewertung(i)-bewertung(j))/ck )  > random(0,1)
                then i := j
        Berechne nächstes lk und ck
        until Endekriterium
end SIMULATED-ANNEALING
```

Aarts und Korst konnten nachweisen [1], daß das Verfahren bei geeigneter Wahl der Parameter für kombinatorische Probleme zumindest asymptotisch immer in einem der globalen Optima der Funktion endet.

Das Verfahren läßt sich ohne Schwierigkeiten auf die Optimierung kontinuierlicher Funktionen anwenden, cf. [8] und [15].

4 Implementierung

Der oben beschriebene Algorithmus wurde in COMMON LISP auf einer Symbolics LISP-Maschine [17] implementiert und dabei für die Verwendung im Zusammenhang mit der objektorientierten graphischen Sprache angepaßt.[1]

Die Funktion `simulated-annealing` wird mit einer Liste von graphischen Objekten und einer Liste von Constraints aufgerufen und liefert als Wert eine Liste solcher Objekte zurück, deren Parameter optimal bezüglich der spezifizierten Constraints sind.

Die Constraints werden in einer Sprache formuliert, die basierend auf den Konstrukten der oben genannten graphischen Sprache die Spezifikation von Restriktionen erlaubt. Dazu gehören (Un-) Gleichheitsbeziehungen und vordefinierte Relationen zwischen einzelnen Teilen einer Graphik. Mehrere dieser Constraints lassen sich wiederum durch logische Junktoren miteinander verknüpfen.

Die Syntax der Constraint-Sprache in BNF sieht wie folgt aus:

```
<compound-constraint> ::=
  (and <compound-constraint>* ) |
  (or  <compound-constraint>* ) |
  (not <compound-constraint> )  |
  <simple-constraint>
<simple-constraint> ::=
  (<relation> <derived-value-or-constant>+) |
  (<predicate> <path-or-constant>+)
<relation> ::=   = | /= | < | > | >= | <= | << | >>
<derived-value-or-constant> ::= <derived-value> | <constant>
<derived-value> ::=  (<function> <path-or-constant>+)
<path-or-constant> ::= <path> | <constant>
<path> ::=
  (<part-specifier> <path-or-constant>+) |
  <object>
```

Die Konstrukte `<function>`*,* `<predicate>` *und* `<path>` *sind in der graphischen Sprache definiert. In einem nachfolgenden Beispiel wird deren Bedeutung offensichtlich.* `<<` *und* `>>` *bezeichnen die unären Relationen „möglichst groß" beziehungsweise „möglichst klein".*

Ein in dieser Form gegebener Constraint-Ausdruck wird durch einen speziellen Übersetzer analysiert und in eine LISP-Funktion compiliert, die dann an den Simulated-Annealing-Algorithmus als Kostenfunktion übergeben wird. Der Constraint-Übersetzer nimmt zudem noch einige Optimierungen vor, um eine möglichst effiziente Funktion zu generieren, da diese im Verlauf des Annealings unter Umständen mehrere tausend Male aufgerufen wird.

Da einige Details der Implementierung des Übersetzers interessant erscheinen, soll an dieser Stelle darauf genauer eingegangen werden.

---

[1]So wird anstelle eines Parametervektors ein Vektor von graphischen Objekten übergeben, innerhalb derer die Generierung von neuen, zufälligen Werten erfolgt (das entspricht der mit (α) markierten Zeile im Algorithmus). Das erfordert besondere Aufmerksamkeit, wenn, wie es beispielsweise der Fall war, die Darstellung von Rechtecken darauf beruhte, daß es eine linke obere und eine rechte untere Ecke gibt und es vermieden werden muß, daß die linke obere Ecke eine X-Koordinate zugewiesen bekommt, die größer ist als die der rechten unteren Ecke. Daher wurde den Klassen der verwendeten graphischen Objekten spezielle Methoden zugeordnet, die eine konsistente *Mutation* durchführen.

4.1 Logische Konnektoren: and, or und not

Die logischen Konnektoren müßen werden in verschiedener Weise umgesetzt: ein and bewirkt nichts anderes als eine Addition der Kostenfunktionen der Argumente. Ein or haben wir so definiert, daß das Minimum der Kostenfunktionen den Wert des Teilausdrucks bestimmt. Ein not wird gemäß den de-Morgan'schen Regeln in die Unterausdrücke weitergegeben, bis man an einer primitiven Relation angelangt ist. Diese werden dann durch die Umkehrrelation ersetzt. Eine „direkte" Implementierung eines not ist nicht möglich, weil es keine sinnvolle Umkehrung einer Kostenfunktion gibt, die in den Bereich der positiven reellen Zahlen hinein abbildet.

4.2 Relationen

Die Relationen werden schließlich durch vorgefertigte Muster ersetzt. Die Gleichheit beispielsweise wird ersetzt durch eine Funktion, die den Absolutwert der Differenz des berechneten Wertes zum Sollwert einsetzt. Die Relation „möglichst klein" wird abgebildet auf eine Funktion, die ihr Minimum bei Null hat. „Möglichst groß" wurde zunächst ad hoc auf eine Reziprok-Funktion abgebildet, was allerdings unbefriedigende Resultate liefert und noch genauer untersucht werden muß. Das Problem liegt hier ähnlich wie bei der oben geschilderten nicht möglichen „direkten" Implementierung des not.

Da sich, wie man nachweisen kann, konvexe Kostenfunktionen für das Optimierungsverfahren besser eigenen, werden zudem alle von den Relationen berechneten Terme noch einmal quadriert. Beachtet werden muß aber zudem noch, daß die entstandenen Funktionen untereinander große Unterschiede bezüglich des Wertebereichs annehmen können; zum Beispiel werden Terme, in denen Flächen miteinander verglichen werden, viel größere Werte produzieren als solche die Längen vergleichen. Daher haben wir die Möglichkeit offengelassen, für bestimmte Funktionen sogenannte info's anzugeben, die Korrekturen vornehmen können, so daß etwa bei Flächenvergleichen nur die Wurzel der Terme betrachtet wird und nicht der tatsächliche Wert.

4.3 Maßnahmen zur Optimierung des Codes

Da LISP-Compiler häufig nur unzureichende Optimierungen am Code vornehmen (können), sind einige aus dem Compilerbau bekannten Techniken verwendet worden, um den erzeugten Code schnell zu machen. Sie setzen allerdings das Vorhandensein eines *Code-Walkers* voraus, um eine Analyse der Funktion durchführen zu können.

So werden etwa geschachtelte Ausdrücke mit der gleichen Funktion (wie (+ (+ ...) (+ ...))), die hier beispielsweise wegen Schachtelungen von and's auftreten können, *flach* gemacht. Anwendungen von Funktionen wie + auf nur ein Argument erkannt und auf das Argument reduziert und so weiter.

Eine deutliche Verbesserung brachte auch das Eliminieren gemeinsamer Unterausdrücke, die vorberechnet werden und die Auflösung verschachtelter Bindungen, wobei die Details im Kontext dieses Aufsatzes nicht weiter betrachtet werden sollen.

5 Beispiel und Resultate

In diesem Abschnitt wollen wir konkrete Beispiele für die Anwendung des Verfahrens vorstellen und die Resultate diskutieren.

5.1   Ein einfaches Beispiel

Gegeben sei folgendes Problem: Zwei Rechtecke (r1 und r2) und eine Linie (l1) sollen so angeordnet werden, daß

1. die Rechtecke auf gleicher Grundlinie liegen,

2. die Linie an der rechten Kante des linken Rechtecks beginnt und an der linken Kante des rechten Rechtecks endet,

3. die Linie soll horizontal sein und

4. auf halber Höhe der zu verbindenden Rechtecke liegen,

5. die Rechtecke sollen gleiche Breite und die gleiche Fläche haben (mithin auch die gleiche Höhe)

6. die linke obere Ecke des linken Rechtecks soll am Punkt $(10, 10)$ liegen.

Die Formulierung dieses Problems in der Constraint-Sprache[2] lautet:

```
(and (= (bottom-line r1) (bottom-line r2))
     (= (x-coordinate (start-point l1)) (right r1))
     (= (x-coordinate (end-point l1)) (left r2))
     (is-horizontal l1) ;; vordefiniertes Prädikat
     (= (y-coordinate (start-point l1))
        (y-coordinate (center-point r1)))
     (= (width r1) (width r2))
     (= (area r1) (area r2))
     (= (left-upper-point r1) (point 10 10)))
     (< 20 (length l1) 50)
```

Man beachte, daß hier die tatsächliche Größe der Rechtecke nicht spezifiziert ist; sie wird in diesem Beispiel rein zufällig gewählt. Die Linie soll offensichtlich zwischen 20 und 50 Pixel lang sein. Die Abbildung 1 veranschaulicht einen Lauf des Algorithmus für das gegebene Beispiel.

Die daraus generierte Kostenfunktion sieht (vor dem Lauf des eigentlichen LISP-Compilers) wie folgt aus[3]:

```
(+ (square (distance (bottom-line r1) (bottom-line r2)))
   (square (distance (x-coordinate (start-point l1)) (right r1)))
   (square (distance (x-coordinate (end-point l1)) (right r2)))
   (square
     (multiple-value-bind (ignore res) (is-horizontal l1) res))
   (square (distance (y-coordinate (start-point l1))
                     (y-coordinate (end-point l1))))
   (square (distance (width r1) (width r2)))
   (square (distance (sqrt (area r1)) (sqrt (area r2))))
   (square (distance 10 (left-upper-point r1)))
   (square (let ((#:g0671 (length l1)))
             (if (> 50 #:g0671) 0 (distance 50 #:g0671))))
   (square (let ((#:g0672 (length l1)))
             (if (> #:g0672 20) 0 (distance #:g0672 20)))))
```

---

[2]Die genaue Formulierung wurde aus Darstellungsgründen leicht verändert

[3]Die Funktion distance berechnet sowohl den Absolutwert der Differenz zweier Zahlen wie auch den euklidischen Abstand zweier Punkte

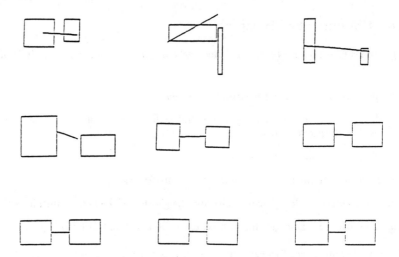

Abbildung 1: Ein Lauf des Algorithmus dargestellt zu neun äquidistanten Zeit-punkten. Die letzte Zeile zeigt, daß für die letzten Schritte, bis alles pixel-genau ist, noch relativ viel Zeit verbraucht wird (die Fehler auf der dritt- und vor-letzten Graphik sind natürlich bei diesem Maßstab nicht mehr sichtbar). Die Laufzeit für dieses Beispiel betrug ca. eine halbe Minute.

5.2 Kompromißfindung

Das nächste Beispiel zeigt, wie das Verfahren automatisch Kompromisse findet. Es soll ein Text (t1) in einem Rechteck (r1) zentriert positioniert werden. Dazu wählen wir folgende Darstellung in unserer Constraint-Sprache:

```
(and
  (= (width r1) 150)
  (= (height r1) 150)
  (< (top r1) (top t1))
  (< (left r1) (left t1))
  (> (right r1) (right t1))
  (> (bottom r1) (bottom t1))
  (<< (distance (top r1) (top t1)))
  (<< (distance (left r1) (left t1)))
  (<< (distance (right r1) (right t1)))
  (<< (distance (bottom r1) (bottom t1))))
```

Die Zentrierung wird dabei so ausgedrückt, daß die Abstände zwischen linkem Textrand und linker Rechteck-Seite beziehungsweise den rechten, oberen und unteren Seiten möglichst klein sein sollen. Da zusätzlich die Größe des Rechtecks fest vorgegeben ist, existiert ein Konflikt, der dahingehend aufgelöst wird, daß die Abstände gleich gewählt werden.

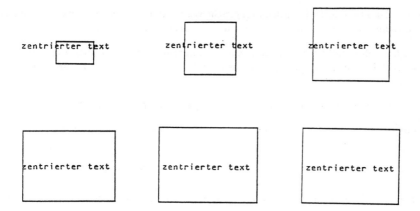

Abbildung 2: Der Zustand des Systems bei einem Lauf über das zweite Beispiel zu ausgewählten Zeitpunkten.

5.3 Diskussion

Die *einfachen* Beschreibungen der obigen Probleme mögen über einige Schwierigkeiten des Verfahrens hinwegtäuschen. Zum einen ist es für beliebige Constraints nicht offensichtlich, wie sie in eine entsprechende numerische Kostenfunktion zu *kodieren* sind, zum anderen sind die Laufzeiten selbst für wenige, einfache Constraints erheblich. Während der erste Punkt für graphikorientierte Anwendungen nicht so bedeutsam ist, da Graphiken letztlich durch numerische Größen wie Abstände und Verhältnisse beschreibbar sind, muß das Verfahren vor allem im Hinblick auf interaktive Anwendungen wesentlich effizienter gestaltet werden. Die Möglichkeit, auch bei unterspezifizierten Problemen eine Lösung zu erzeugen, erscheint uns für graphische Anwendungen eher als Vor- denn als Nachteil. Die Beobachtung, daß bei unterspezifizierten Problemen zum Teil recht unerwartete Resultate erzeugt werden, kann sogar noch ausgenutzt werden, um den Benutzer eines mit diesem Verfahren arbeitenden Systems die Auswahl aus einer Vielzahl unterschiedlicher Varianten zu ermöglichen.

Ein Problem, das bei überspezifizierten Constraint-Systemen auftritt, ist die Festlegung eines geeigneten Abbruchkriteriums. Während bei exakt lösbaren Problemen die Kostenfunktion ihr globales Minimum mit dem Wert Null annimmt, bleiben bei solchen Systemen nichtverschwindende Terme in der Kostenfunktion über, so daß man auf eine andere Weise die Konvergenz, oder genauer die nicht weiter fortschreitende Konvergenz des Verfahrens feststellen muß.

6 Weitere Aufgaben

Zu den Erweiterungen, die wir in nächster Zeit an dem Verfahren vornehmen wollen, gehören:

- Gewichtungen der einzelnen Constraints, um auf die Bildung von Kompromissen Einfluß nehmen zu können,

- Prioritäten für die Constraints, um Default-Regeln und Ausnahmebehandlungen spezifizieren zu können (siehe auch [6]),

- verschiedene Arten von Vorverarbeitungsschritten, um einfache Teilprobleme durch effizientere Techniken vorab zu behandeln, wie beispielsweise Reduzierung der Variablenmenge der

Constraint-Funktion durch Identifikation gleichgesetzer, in besonders einfacher Relation zu anderen Variablen stehender, oder als konstant zu betrachtender Variablen,

- Vereinfachung des Problems vermittels einer Analyse der vorkommenden Interdependenzen, zum Beispiel die Isolierung von separiert lösbaren Untersystemen (in Richtung auf einen *hybriden* Ansatz),

- Versuch der Implementierung des Verfahrens auf parallelen Rechnerarchitekturen,

- Bestimmung optimaler *Cooling Schedules* [1], d.h. optimaler Kontrollparameter für den Algorithmus, insbesondere die Folgen c_k und l_k,

- und Einbringung verschiedener simpler Heuristiken zur Effizienzsteigerung.

Auf diese Art und Weise beabsichtigen wir, ein auch für praktische Anwendungen akzeptables Laufzeitverhalten zu erreichen.

Anstatt des Simulated Annealing kann natürlich auch ein beliebiges anderes numerisches Optimierungsverfahren verwendet werden, solange es bei der Klasse von Funktionen, die hier als Kostenfunktionen entstehen können, befriedigende Resultate zeigt. Einen guten Überblick über andere Verfahren bietet [2]. Wir haben uns für Simulated Annealing entschieden, weil es zum einen sehr leicht zu implementieren ist, zum zweiten keine besondere Anforderungen an die Darstellung der Daten gestellt sind (insbesondere die bei den *genetischen Algorithmen* notwendige binäre Codierung der Variablen wird nicht benötigt) und letztlich das Verfahren für eine breite Klasse von Funktionen zufriedenstellend arbeitet.

7 Ausblick

Es wurde aufgezeigt, wie ein ursprünglich aus der kombinatorischen Optimierung stammendes Verfahren, das Simulated Annealing, als Constraint-Lösungsmechanismus zur Erzeugung von Graphiken aus einer deklarativen Beschreibung sinnvoll eingesetzt werden kann. Dadurch lassen sich viele der Probleme vermeiden, die bei anderen Verfahren auftraten, die bislang in diesem Zusammenhang angewendet wurden. Um ein angemessenes Laufzeitverhalten zu erreichen, sind allerdings noch einige Optimierungen erforderlich.

Wir danken unserem Kollegen Gerhard Paaß für die Klärung theoretischer Fragen des Verfahrens sowie Susanne Flacke *for opening the windows.*

Literatur

[1] E. H. L. Aarts, Jan Korst: „*Simulated Annealing and Boltzmann Machines.*" Chichester, John Wiley & Sons, 1989

[2] David H. Ackley: „*A Connectionist Machine for Genetic Hillclimbing.*" Norwell, MA, Kluwer Academic Publishers, 1989

[3] Dieter Bolz: „Wissensbasierte Unterstützung des Benutzers bei Eingabe und Bearbeitung von Zeichnungen." in: K. Kansy, P. Wisskirchen (Hrsg.): „*Graphik im Bürobereich.*" Proceedings, Springer Verlag, 1988

[4] Dieter Bolz, Erich Rome, Karl Wittur: „Graphische Sprache für TASSO." Internes Papier, TASSO, GMD, 1989

[5] Alan Borning: „*ThingLab - A Constraint-Oriented Simulation Laboratory.*" Rep. SSL-79-3, XEROX PARC, Palo Alto, 1979

[6] Alan Borning, Robert Duisberg, Bjorn Freeman-Benson, Axel Kramer, Michael Woolf: „Constraint Hierarchies." *OOPSLA '87 Proceedings*, ACM, pp. 48-60, 1987

[7] Gerhard Brewka: „Nichtmonotone Logiken - Ein kurzer Überblick." *KI* 2, 1989

[8] A. Corona, M. Marchesi, C. Martini, S. Ridella: „Minimizing Multimodal Functions of Continuous Variables with the Simulated Annealing Algorithm." *ACM Transactions on Mathematical Software*, **13**(3), September 1987, pp. 262-280

[9] J. Gosling: „*Algebraic Constraints.*" CMU Technical Report CS-83-132, Carnegie-Mellon University, Pittsburg, 1983

[10] Peter Henne: „Associative Reasoning Using Static Neural Networks." Konferenz *Connectionism in Perspective*, Zürich, Okt. 1988

[11] Peter Hoschka: „*Assistenz-Computer - Eine neue Generation von Bürosystemen.*" Internes Papier, GMD/F3, 1987

[12] Ulrich Junker: „Nicht-monotone Beweiser für autoepistemische Logik und Default Logik." *Proc. GWAI 1989*

[13] Greg Nelson: „Juno, a Constraint-based Graphics System." *Computer Graphics* **19**(3), 1985

[14] Wm Leler: „*Constraint Programming Languages.*" Reading, MA, Addison-Wesley, 1988

[15] Gerhard Paaß: „Relaxation mit Defaults." Interner Bericht, TASSO, GMD/F3-HIS, 1989, in Vorbereitung

[16] Theo Pavlidis, Christopher J. Van Wyk: „An Automatic Beautifier for Drawings and Illustrations." *Computer Graphics* **19**(3), 1985

[17] Systemdokumentations- und Informations-Schriften der Firma Symbolics, Inc., Cambridge, Massachusetts

[18] Christopher Van Wyk: „A High-Level Language for Specifying Pictures." *ACM Transactions on Graphics* **1**(2), 1982

Layoutspezifikationen für komplexe graphische Objekte

Ralf Möller und Volker Haarslev[†]
Universität Hamburg, Fachbereich Informatik, Bodenstedtstrasse 16, D-2000 Hamburg 50
[†]z.Z. Xerox Palo Alto Research Center, 3333 Coyote Hill Road, Palo Alto, CA 94304, USA
Email: moeller@rz.informatik.uni-hamburg.dbp.de, haarslev@parc.xerox.com

Zusammenfassung: Dieser Beitrag stellt einen neuen Ansatz zur Anordnungsbeschreibung allgemeiner zweidimensionaler Objekte vor, der im Rahmen eines Unterstützungssystems zur Visualisierung objektorientierter Programmsysteme implementiert wurde. Wichtige Bestandteile dieses Systems sind erweiterbare Bausteine, die schon während der Programmentwicklung die Erstellung von Visualisierungen unterstützen. Die geometrische Anordnung von Objekten kann mithilfe einer allgemeinen deklarativen Beschreibung spezifiziert werden, die an das Boxmodell des TEX-Satzsystems angelehnt wurde. Aufbauend auf dieser Grundlage werden weiterführende Anordnungsmöglichkeiten vorgestellt.

1   Einleitung

Eine angemessene Visualisierung objektorientierter Systeme ist aufgrund ihrer Komplexität ein äußerst schwieriger Vorgang, der leistungsfähige Werkzeuge erfordert. Die Eignung entsprechender Werkzeuge kann daran gemessen werden, inwieweit sie strukturelle und konzeptionelle Visualisierungen unterstützen. Nachfolgend stellen wir einige grundlegende Konzepte eines Ansatzes vor, der beide Formen der Visualisierung unterstützt. Diese Konzepte bilden die Grundlage für ein objektorientiertes Visualisierungssystem, das im Kern aus erweiterbaren Bausteinen besteht. Es ist in Allegro Common Lisp[1] auf einem Apple Macintosh implementiert und baut auf eine im Xerox Palo Alto Research Center entwickelte Implementation (PCL) von CLOS (Common Lisp Object System [9]) auf. Die Leistungsfähigkeit unseres Ansatzes wird am Beispiel einer flexiblen Benutzungsoberfläche für einen CLOS „Browser/Inspector" demonstriert. Weitergehende Anwendungen (z.B. Graphikeditor, Visualisierung von Einschränkungsnetzen) sowie detailliertere Ausführungen sind in [13] zu finden.

Visualisierungen, die sich an den Konzepten von Anwendungsdomänen orientieren, müssen meistens noch „von Hand" erstellt werden, da die zur Erstellung einer konzeptionellen, d.h. problemnahen Visualisierung nötige geometrische und graphische Information im allgemeinen Fall nicht aus den zu visualisierenden Daten gewonnen werden kann. Dieses ist insbesondere der Fall, wenn die für eine konzeptionelle Visualisierung eines Algorithmus' benötigte Zusatzinformation über die Anwendungsdomäne für diesen Algorithmus nicht relevant und daher überhaupt nicht modelliert ist. Ein Beispiel hierfür ist die Programmvisualisierung eines Sortierverfahrens in Form einer Animation durch Verschiebung von Plättchen [3].

Eine strukturelle Interpretation dagegen betrachtet die Datenstruktur und versucht eine Visualisierung mithilfe geometrischer Information, die aus dieser Struktur gewonnen wurde. Der Nachteil dieser Interpretation besteht darin, daß sich die intendierte (konzeptuelle) Interpretation eines Programmierers (z.B. einer Datenstruktur) meist nur indirekt durch die in die Visualisierung übernommenen Bezeichner des Programms widerspiegelt. Die strukturelle Interpretation von Prozessen orientiert sich häufig am verwendeten Programmierstil bzw. dessen Verarbeitungsmodell [14]. So finden sich für imperativ ausgelegte Systeme zur Visualisierung des Kontrollflusses Flußdiagramme (flow-charts) oder Nassi-Shneiderman-Diagramme. Für relationale oder auch logische Programmiersysteme wurden Darstellungen wie „Transparent Prolog Machine" [4] entwickelt. Datenflußdarstellungen u.a. für funktionale Systeme sind z.B. in VIPEX [5, 6], Pluribus [16] und Prograph [12] zu finden. Beschränkungen (constraints) sind im ThingLab-System [2] graphisch darstellbar.

Zur Unterstützung der Programmentwicklung erscheint es sinnvoll, sowohl strukturelle als auch konzeptionelle Visualisierungen zu verwenden. Dafür werden geeignete vordefinierte Bausteine und Konstruktionsmethoden benötigt (siehe hierzu auch [8]). Unser System gestattet es dem Benutzer, vordefinierte Bausteine zu verwenden bzw. zu modifizieren sowie eigene zu integrieren. Eine Forderung dabei ist, daß vom Benutzer erstellte Bausteine leicht in anderen Kontexten wiederverwendbar sein sollen. Ein Grundproblem in der Visualisierung von zusammengesetzten Bausteinen besteht in der flexiblen Anordnung (Layout) ihrer Teilkomponenten. Das Layout spielt für eine angemessene ästhetische Darstellung eine wichtige Rolle. In formularorientierten Darstellungen muß sich die Größe und Lage der Teilkomponenten nach dem insgesamt zur Verfügung stehenden Platz richten. Die Anordnung der Teilkomponenten wird in diesem Fall durch globale Beschränkungen beeinflußt. Auch in graphischen Darstellungen wie Regelnetzen oder Darstellungen von Objekthierarchien werden die Graphknoten nach bestimmten Kriterien (z.B. als Baum oder Graph) angeordnet. Hier liegt eine lokale Beschränkung vor: die Lage der Kanten im Graph ist von der Lage der jeweils angrenzenden Knoten abhängig[2].

Dieser Beitrag beschreibt in den nächsten Abschnitten, wie Layouts für graphische Objekte spezifiziert werden können. Darauf aufbauend werden Sichtbereiche und deren Elemente vorgestellt, die den Kontext zur Visualisierung von Objekten definieren. Wir führen das Konzept von Referenzen zwischen Sichtbereichselementen ein und zeigen am Beispiel von gerichteten azyklischen Graphen eine Anwendung dieser Konzepte. Die beiden darauffolgenden Abschnitte erläutern die den Spezifikationen zugrundeliegenden Anordnungsalgorithmen und deren Ausnutzung zur Optimierungen der graphischen Ausgabe. Dieser Beitrag schließt mit der Einordnung unseres Ansatzes in die Forschungslandschaft und gibt einen Ausblick auf mögliche Erweiterungen.

2 Layoutangaben

Das zugrundeliegende Modell der Anordnung von Objekten ist in Anlehnung an das „Box-and-glue-Modell" des TEX-Satzsystems konzipiert [10]. Ein (rechteckiger) Bereich kann als eine Box aufgefaßt werden, deren Ausmaße festgelegt sind, in der aber Elemente in bestimmter Weise horizontal bzw. vertikal anzuordnen sind. Als konkretes Beispiel für eine Box wäre ein Dialogfenster zu nennen, in dem Dialogelemente anzuordnen sind (s.u.). Grundsätzlich ist jedoch die Verwendung von Layoutmustern nicht auf Dialoge bzw. Fenster beschränkt. Jedes Objekt kann als Box interpretiert werden. Die Layoutalgorithmen evaluieren generische Funktionen (z.B. `box-items` für Boxen oder `box-item-position` für Boxelemente). Soll nun ein Objekt als Box oder als Boxelement interpretiert werden, so müssen geeignete Methoden für diese generischen Funktionen definiert werden. Die Interpreterfunktionen bleiben unverändert. Durch Verwendung dieses abstrakten Protokolls ist außerdem eine leichtere Portierung der Layoutfunktionen gewährleistet.

Ein Layoutmuster ist zunächst eine Liste mit besonderen Einträgen: Schlüsselwörtern, Distanzangaben, Boxelementen oder auch geschachtelten Boxen. Mögliche Angabeformate zu Distanzen zwischen Elementen sind absolute Abstände (in Pixeln), Abstände relativ zur Gesamtbreite bzw. Gesamthöhe der umschließenden Box (prozentuale Angabe aus [0.0, 1.0]) sowie auch Angaben, eine bestimmte Distanz einfach mit dem restlichen zur Verfügung stehenden Platz aufzufüllen. Letztere Angaben werden als Füller (filler) bezeichnet. Sind mehrere Füller in einer Dimension (horizontal oder vertikal) angeordnet, so wirkt jeder Füller wie eine Feder. Zwischen den Federn stellt sich ein Gleichgewicht ein, d.h. jeder Füller ist gleich lang. Um „zu kleine" bzw. „zu große" Füllabstände zu vermeiden, können Füllangaben mit Minimal- und Maximalwerten bzgl. ihrer Ausdehnung versehen werden.

2.1 Layoutmuster für Boxen

Ein Layoutmuster der Form (:vbox (:width h :height v) *box-specifier-1 box-specifier-2 ...*) erlaubt die vertikale Anordnung von Boxelementen. Distanzangaben in einem vertikalen Layoutmuster werden dabei als vertikale Strecken zwischen den Boxelementen interpretiert. Für horizontale Boxen, die durch Angabe des Layoutmusters (:hbox (:width *h* :height *v*) *box-specifier-1 box-specifier-2 ...*) definiert werden, sind Distanzangaben entsprechend horizontale Strecken. Relative Größenangaben der Boxen beziehen sich – auch bei der Größenangabe einer Box durch (:width *h* :height *v*) – auf die Breite bzw. Höhe der jeweils umschließenden Box. Sowohl die Höhen- als auch die Breitenangabe einer Box ist optional; bei fehlender Angabe wird für *h* bzw. *v* (s.o.) ein Füller eingesetzt.

Die in einem horizontalen oder vertikalen Boxmuster aufgeführten Boxelemente werden nicht in ihrer Größe verändert. Reicht etwa der Platz in einer Box nicht aus, so stehen die Boxelemente über den Rand der Box hinaus. In einigen Anwendungen ist es jedoch erforderlich, daß sich die Größe eines einzelnen Elementes nach der Größe der umschließenden Box richtet. Das zugehörige Layoutmuster einer solchen „Rahmenbox" (frame-box) hat die Form (:fbox (:width *h* :height *v*) *item*). Die Größe von *item* wird so gesetzt, daß der gesamte für diese Box zur Verfügung stehende Raum von *item* ausgenutzt wird. In einem Rahmenboxmuster tritt daher nur ein Boxelement (item) auf.

2.2   Layoutmuster für Füller

Angaben zu Füllabständen haben folgende vollständige Form: (:filler :min *m* :max *n*), :min und :max sind optional. Für das Füllmuster (:filler :min 0 :max *box-size*) steht :filler als Kurzform. Wenn statt einer Ganzzahl für *m* oder *n* das Schlüsselwort :as-needed angegeben ist (z.B. (:filler :min :as-needed)), so berechnet das System eine angepaßte Mindest- bzw. Maximalgröße anhand der Größe der Boxelemente und der Abstandsangaben, die innerhalb des Boxmusters auftreten. Abbildung 1 zeigt als Beispiel eine Layoutspezifikation und den daraus erzeugten Dialog, der im Rahmen eines CLOS-Inspektors zur Visualisierung der Klassenhierarchie dient (siehe auch Abschnitt 3.2).

```
(let
  ((left-table (make-dialog-item …))
   (right-table (make-dialog-item …))
  (make-layouted-dialog
   :layout
    (:vbox (:width :filler
            :height :filler)
     (:hbox (:height 1/4
             :width :filler)
       (:fbox () left-table)
       (:fbox () right-table))))))
```

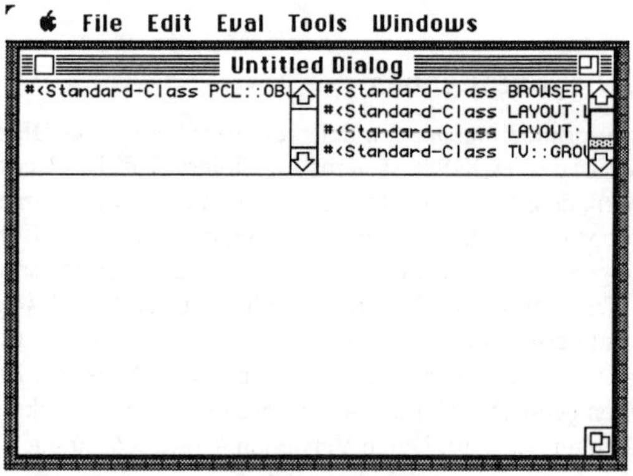

Abbildung 1: Layoutspezifikation und entsprechender Dialog (schematisch).

Für die Tabellen left-table und right-table müßten noch Methoden zur Behandlung der Mausklicks definiert werden. Dieses sei hier vernachlässigt. Der Dialog wird als :vbox angeordnet. Im oberen Viertel befindet sich eine :hbox, in der sich wiederum zwei mit einer :fbox angeordnete Tabellen befinden. Jede der Rahmenboxen erhält durch die :filler Angaben die Hälfte des Platzes. Durch die :fbox Muster werden wiederum die Tabellenpositionen und -größen bestimmt. In der unteren Darstellungsfläche ist Platz für einen Graphen. Dieser soll jedoch nicht speziell konstruiert werden, sondern aus vorgefertigten Bauteilen und Konstruktionsprinzipien hervorgehen. Diese werden in den nächsten Kapiteln geschildert.

3   Sichtbereiche und Sichtbereichselemente

Für problemnahe, konzeptionelle Visualisierungen reichen Standard-Interaktionsobjekte wie Tabellen, statische und editierbare Texte oder auch Schaltflächen nicht aus. Es werden beliebige, zunächst zweidimensionale graphische Objekte benötigt. Um den Erstellungsaufwand gering zu halten, erweist es sich als vorteilhaft, auch hier vorgefertigte Bausteine (graphische Objekte) kombinieren zu können. Graphische Objekte werden (prozedural) durch eine Zeichenfunktion definiert. Wann und unter welchen Bedingungen diese Zeichenfunktion evaluiert wird, ist durch ein Verwaltungssystem geregelt. Graphische Objekte werden innerhalb eines Teilrechtecks eines Fensters gezeigt. Dieses Teilrechteck heißt Sichtbereich und definiert in einem eigenen Koordinatensystem einen Kontext, in dem graphische Objekte, sog. Sichtbereichselemente, gezeigt werden. Sichtbereichselemente können in einen Sichtbereichskontext eingefügt oder aus ihm entfernt werden. Die hierzu notwendige Verwaltung wird durch den Sichtbereich übernommen. Die Aufgaben eines Sichtbereichs umfassen: Rollen der Darstellungsfläche, Verschiebung, Markierung und Gruppierung von Sichtbereichselementen sowie eine Erzeugung von elementbezogenen Interaktionsereignissen (z.B. bei Mausklicks). Die Algorithmen brauchen also nicht für jede Visualisierung neu implementiert zu werden. Weitere über diese Standardaufgaben hinausgehende Funktionen der Sichtbereiche bzw. Sichtbereichselemente werden in den nächsten Abschnitten geschildert.

Die Eigenschaften von selbstdefinierten Sichtbereichselementen lassen sich durch Verwendung vordefinierter (Super-)Klassen geeignet zusammenstellen. Hierzu werden Klassen benötigt, die Sichtbereichselemente maussensitiv, beweglich oder markierbar machen. Das Verwaltungssystem evaluiert bei Bedarf generische Zeichen- und Löschfunktionen für aktuell sichtbare Elemente.

Graphknoten für den obigen Dialog lassen sich als spezielle Sichtbereichselemente (view-items) realisieren.

```
(defclass label-view-item (moveable-view-item-mixin view-item)
  ((label :initarg :label :accessor label)))
```

Die Basisklasse aller Sichtbereichselemente view-item wird mit einer Zusatzklasse moveable-view-item-mixin zu einer neuen Klasse label-view-item kombiniert. Zunächst ist für die Klasse label-view-item noch das „Aussehen" der Instanzen zu bestimmen. Das System evaluiert zum Zeichnen eines Elements eine generische Funktion (view-item-draw). Für spezielle Klassen von Elementen (oder für ein spezielles Element) läßt sich das gewünschte Verhalten durch Definition einer :after Methode bestimmen.

```
(defmethod tv:view-item-draw :after ((item label-view-item) view dialog)
  (let ((position (view-item-position item))
        (size (view-item-size item)))
    (frame-round-rect dialog standard-gcontext …)
    (move-to dialog …)
    (draw-string dialog standard-gcontext (label item))))
```

Die Zeichenfunktion wird in einem Kontext mit entsprechenden Koordinatentransformationen evaluiert. Durch Position und Größenvektor eines Sichtbereichselements ist ein sog. Zeichenrechteck definiert (Abbildungen 2 und 3). Das System setzt den Klippbereich während der Evaluierung der Zeichenfunktion so, daß nur innerhalb dieses Rechtecks gezeichnet werden kann. In CLOS ist es möglich, alle erforderlichen Parameter einer Methode zu spezialisieren. Dieses kann bei der obigen Methode sehr schön ausgenutzt werden, um z.B. eine kontextabhängige Zeichenfunktion (Spezialisierung von view) oder eine anwendungsabhängige Zeichenfunktion (Spezialisierung von dialog) zu definieren.

In prototypischen Anwendungen ist die Angabe einer Zeichenmethode schon ausreichend, um ein Sichtbereichselement einzuführen. Ist es nötig, ein Element zu löschen (z.B. bei Verschiebung oder Entfernung eines Elements aus dem Sichtbereich), wird vom System das Zeichenrechteck gelöscht. Hierdurch zerstörte Elemente werden erneut gezeichnet. Dadurch wird in vielen Fällen allerdings mehr gelöscht und neu gezeichnet als nötig (Blitzeffekt). Durch die objektorientierte Architektur der Sichtbereichsverwaltung lassen sich jedoch Verwaltungsfunktionen wie die Löschfunktion eines Elements anpassen (z.B. auch das „Aussehen" eines Elements bei einer Verschiebung) und auf spezielle Sichtbereichselemente zuschneiden. Genauere technische Angaben sind [13] zu entnehmen.

3.1   Referenzen zwischen Sichtbereichselementen

Nachdem im vorigen Abschnitt die allgemeine Verwaltung von Sichtbereichselementen erläutert wurde, soll jetzt auf die Spezifikation von Beziehungen zwischen Sichtbereichselementen eingegangen werden. Jedem Sichtbereichselement kann eine Menge von Referenzen zu anderen Sichtbereichselementen zugeordnet werden. Eine Referenz wird als deklarative Referenzbeschreibung angegeben; die Referenz-punktkoordinaten werden hieraus automatisch berechnet. Ein Sichtbereichselement zur Visualisierung einer Kante in einem Graphen könnte durch Referenzen zu zwei Knotensichtbereichselementen bestimmt werden. In der Zeichenmethode der Kante können die Referenzpunktkoordinaten erfragt werden. Zwischen den Punkten wird dann z.B. eine Linie gezeichnet. Die Syntax zur Definition von Referenzpunkten orientiert sich an dem bisher schon eingeführten Boxmodell; eine Box zur Referenzpunktdefinition heißt Referenzbox (kurz: :rbox).

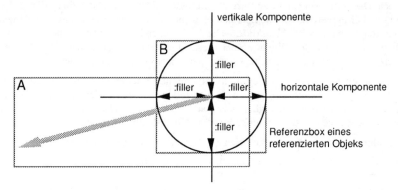

Referenzpunkt (hier: Mittelpunkt)

Abbildung 2: Referenzmodell. Ein Objekt A (Pfeil) sei durch einen Referenzpunkt bzgl. des Mittelpunkts eines Objekts B (Kreis) definiert. Die Zeichenrechtecke der beiden Figuren sind durch graue Rechtecke angedeutet.

Ein Referenzpunkt wird definiert durch Angabe einer horizontalen und einer vertikalen Beschreibungskomponente, d.h. einer Liste, eingeleitet durch das entsprechende Schlüsselwort :horizontal bzw. :vertical. In der jeweiligen Dimension wird nun die Lage der entsprechenden Referenzpunktkomponenten beschrieben. Die Beschreibungsform von Abständen ist analog zu der bei anderen Boxen. Es können relative, absolute und zu füllende Abstände definiert werden. Dabei wirken Füllelemente wiederum wie Federn. Anstelle der in anderen Boxen anzuordnenden Boxelemente wird hier das Schlüsselwort :reference verwendet. Der in der Abbildung 2 von einem Objekt A (ein Pfeil)[3] referenzierte Mittelpunkt eines Objekts B (ein Kreis) wird wie folgt angegeben:

```
(layout-description (:rbox A B
                    (:horizontal :filler :reference :filler)
                    (:vertical :filler :reference :filler)))
```

Die Referenzbox des Objekts B ist in Abbildung 2 grau dargestellt. Sie ergibt sich aus der Position und dem Größenvektor des Sichtbereichselements B, d.h. aus dem Zeichenrechteck von B. Die Füller wirken wie Federn und „drücken" den Referenzpunkt in die Mitte. Soll der Referenzpunkt drei Pixel vom unteren und rechten Rand entfernt liegen, so kann dieses erreicht werden, indem folgendes Muster als Argument der Funktion layout-description angegeben wird.

```
(layout-description (:rbox A B
                    (:horizontal :filler :reference 3)
                    (:vertical :filler :reference 3)))
```

Ist der durch relative oder absolute Abstandsangaben definierte Platz größer als der entsprechend der Referenzbox zur Verfügung stehende, so ist die Länge der Füller gleich null. Der Referenzpunkt kann also durchaus aus der Referenzbox herausragen.

Ein weiteres Beispiel für eine Klasse von speziellen Sichtbereichselementen verdeutlicht die Verwendung von Referenzen während des Zeichnens eines Sichtbereichselementes. Kanten in einem Graphen sind mithilfe von Referenzpunkten sehr einfach ihren Anfangs- und Endknoten zuzuordnen (Abbildung 3). Eine Zeichenmethode für Kanten (Klasse: `line-view-item`) erfragt die Referenzen (`references-of-this-item`) und ermittelt anhand dieser die Anfangs- und Endposition der Linie (`reference-position`):

```
(defclass line-view-item (view-item)
   ())

(defmethod view-item-draw :after ((item line-view-item) view dialog)
   (let* ((references (references-of-this-item item))
          (p1 (reference-position (first references)))
          (p2 (reference-position (second references))))
     (move-to dialog p1)
     (line-to dialog standard-gcontext p2)))
```

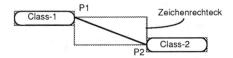

Abbildung 3: Positionierung von Kantenelementen mithilfe von Referenzen.

Referenzen können auch verwendet werden, um eine spezielle Löschfunktion für Linien anzugeben. Es wird nur die Linie selbst gelöscht.

```
(defmethod view-item-undraw ((item line-view-item) view dialog
                             position size references)
   (using-gcontext ((eraser-gcontext :pen-pattern *white-pattern*))
     (let ((p1 (reference-position (first references)))
           (p2 (reference-position (second references))))
       (move-to dialog p1)
       (line-to dialog eraser-gcontext p2)))))
```

Werden die gerundeten Rechtecke verschoben, so werden die Referenzpunkte P1 und P2 der Linie neu berechnet und die Linie wird neu gezeichnet. Wird ein referenzierendes Objekt (hier die Linie) explizit verschoben, so verschieben sich die Referenzpunkte entsprechend. Die Ansatzpunkte der Linie liegen also ggf. nicht mehr an den Seiten der gerundeten Rechtecke.[4] Referenzen können auch zur Plazierung von Sichtbereichselementen verwendet werden (auch die Linie wurde dadurch „plaziert"), wenn das Aussehen unabhängig von den Referenzpunkten ist.

3.2 Definition von Layoutbeschreibungen für spezielle Layouts

Sichtbereiche können ohne Aufwand mit anderen Dialogelementen wie etwa Schaltflächen oder Tabellen kombiniert werden. Vererbungsnetze sind in der Regel weitaus größer als die zur Verfügung stehende Darstellungsfläche. Es ist notwendig, sich durch Kontrollmechanismen einen Teilausschnitt auszuwählen. Kontrolle und Visualisierung sind also gemeinsam zu betrachten. Ein Doppelklick auf einen Eintrag der rechten Tabelle des Dialogs aus Abbildung 1 könnte z.B. eine Verschiebung der Tabelle nach links und ein Zeigen der Subklassen der selektierten Klasse in der freiwerdenden Tabelle zur Folge haben. Entsprechend würde die linke Tabelle nach rechts verschoben werden und dann die Superklassen in der linken Tabelle gezeigt werden. Auf Bedarf könnte ein Vererbungsnetz der Subklassen der selektierten Klasse angezeigt werden. Die Expansion und Verschiebung der Klassen in den Tabellen dient also der Fokussierung. Ein Vererbungsnetz läßt sich in Form eines gerichteten azyklischen Graphen darstellen und stellt ein Beispiel für ein Layoutmuster dar, das sich nicht an dem Boxmodell orientiert. Selbstdefinierte Layoutmuster können durch folgende Form definiert werden:

```
(deflayout :dag (roots successor-fcn expansion-depth expansion-predicate
                 node-generator edge-generator
                 left-edge-reference-fcn right-edge-reference-fcn)
  "Returns the (generated and) layouted items."
  (dag-pattern-interpretation …))
```

Selbstdefinierte Layoutbeschreibungen können innerhalb des speziellen Layoutmuster (:gbox …) in das Boxenschema integriert werden. Anstelle der Punkte steht dann das selbstdefinierte Layoutmuster. Die benötigte Größe einer :gbox kann dann automatisch berechnet werden. Ein Layout für einen gerichteten azyklischen Graphen (DAG) läßt sich auf einfache Weise integrieren. Das Beispiel aus Abbildung 1 läßt sich mit einem DAG-Layoutmuster-Interpretierer vervollständigen (Abbildung 4).[5]

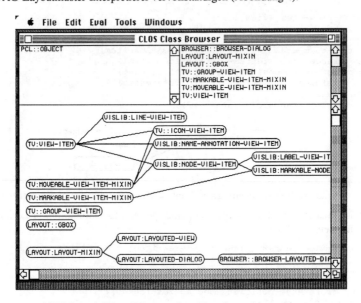

Abbildung 4: Visualisierung einer Vererbungshierarchie.

```
(defun class-browser (class-name)
  (let ((left-table …)
        (right-table …)
        (graph-view (make-layouted-view  :scroll-bars ':both
                                         :auto-scrolling t)))
    (make-layouted-dialog …
                      :layout (:vbox ()
                                     (:hbox (:height 1/4)
                                            (:fbox () left-table)
                                            (:fbox () right-table))
                                     (:fbox () graph-view)))
    (setf (layout graph-view)
          (:vbox ()
           10       ; 10 Pixel oberer Abstand
           (:hbox ()
            10      ; 10 Pixel linker Abstand
            (:gbox
             (:dag (list (find-class class-name))  ; Menge der Wurzeln des DAGs
                   #'pcl::class-direct-subclasses  ; Nachfolgerfunktion
                   *hierarchy-depth*        ; max. Expansionstiefe
                   #'(lambda (class) t)     ; Expansionsprädikat
                   #'(lambda (class)        ; Erzeugungsfunktion für
                       (make-label          ; Knotensichtbereichselement
                                            ; (sog. Knotenfunktion)
                        (class-name-as-string class)))
                   #'make-line-view-item ; sog. Kantenfunktion
                   #'western-reference
```

```
                        #'eastern-reference)))))
    class-name))

(defun western-reference (referencing-object referenced-object)
  "Referenzpunktbestimmung durch :rbox Muster."
  (:rbox referencing-object
         referenced-object
         (:vertical :filler :reference :filler)
         (:horizontal :reference :filler)))

(defun eastern-reference (referencing-object referenced-object)
  "Referenzpunktbestimmung durch :rbox Muster."
  (:rbox referencing-object
         referenced-object
         (:vertical :filler :reference :filler)
         (:horizontal :filler :reference)))
```

Falls der Graph als Übersicht dienen sollte, so würden die Knoten evt. als Kreise ausgebildet und die obigen Referenzmuster dahingehend abgeändert, daß die jeweiligen Ansatzpunkte der Kanten in der Knotenmitte zu liegen kommen. Durch Verwendung von generischen Nachfolger-, Knoten- und Kantenfunktionen lassen sich mit einem :dag-Layoutmuster verschiedene, anwendungsspezifische Darstellungsformen erzeugen. Das Beispiel zeigt, wie Layoutbeschreibungen auf zwei Ebenen analog verwendet werden. Auf der Ebene der Dialogelemente steht das Boxmodell zur Layoutbeschreibung zur Verfügung. Das Grundlayout wird bei einer (interaktiven) Vergrößerung eines Dialogfensters aufrechterhalten. Auf der Ebene der Sichtbereichselemente können zusätzlich Referenzen und selbstdefinierte Layoutmuster verwendet werden.

4   Anordnungsalgorithmen

Mit den bisherigen Beschreibungsformen lassen sich beliebige Objekte innerhalb eines rechteckigen, geschachtelten Schemas anordnen. Dialogelemente wie Schaltflächen oder Sichtbereiche können innerhalb einer vorgegebenen Flächenaufteilung angeordnet werden. Wichtig ist außerdem, daß die Größe der angeordneten Elemente sich auch nach der für ein Element vorgesehenen oder verfügbaren Fläche richten kann. In diesem Zusammenhang bieten Minimal- und Maximalangaben eine zusätzliche Flexibilität. Dieses sei hier noch einmal an einem Beispiel eines Inspektors für CLOS-Klassen genauer betrachtet. Der Inspektordialog wurde mit dem in diesem Beitrag vorgestellten System erstellt. In Tabellenform werden alle für eine Klasse relevanten Informationen wie Subklassen, Superklassen, Einträge (slots) und für die Klasse definierte Methoden dargestellt.

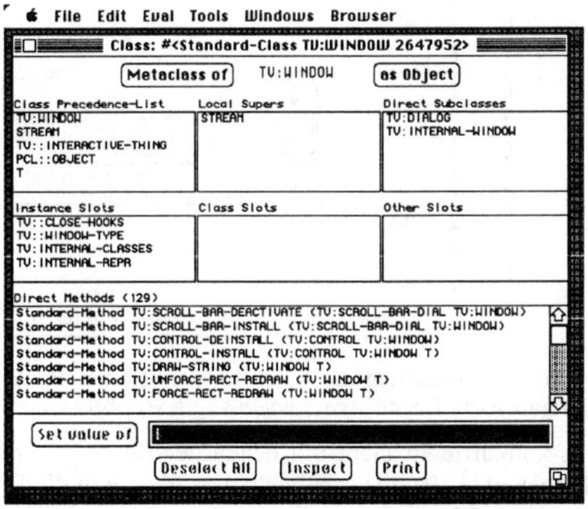

Abbildung 5: CLOS-Klasseninspektor-Dialog.

Die Tabellen können nach Bedarf gerollt werden, sofern der für eine Tabelle zur Verfügung stehende Platz nicht ausreicht, um alle Tabelleneinträge gleichzeitig anzuzeigen. Abbildung 5 vermittelt einen Eindruck über die Standardaufteilung der Darstellungs- und Schaltflächen eines Klasseninspektordialogs.

Die Layoutbeschreibung ist aus mehreren Teilen zusammengesetzt und zu umfangreich, um in diesem Rahmen geschildert zu werden. Wichtig ist hier nur folgendes: die obere Tabellenzeile ist durch eine horizontale Box (:hbox) realisiert, in der drei Rahmenboxen (:fbox) mit jeweils einer Tabelle angeordnet sind. Die Breite und Höhe der Rahmenboxen ist jeweils durch das Symbol :filler beschrieben; es soll also ein Füllraum ausgefüllt werden. Das bedeutet: innerhalb der horizontalen Dimension in den horizontalen Boxen konkurrieren drei Füllangaben um den zur Verfügung stehenden Platz. Die Füller reagieren wie Federn, d.h. nach einem „Einschwingvorgang" erhält jede Füllangabe ein Drittel des zur Verfügung stehenden Platzes.

Die Höhe der Rahmenboxen ist durch die Höhe der umschließenden horizontalen Boxen bestimmt. Auch die mittlere Tabellenzeile und die untere Tabelle haben als Höhenangaben Füller. In der vertikalen Dimension konkurrieren also ebenfalls Füllangaben um Ausdehnungsraum. Nun wäre es sehr mißlich, auch hier eine Drittelung vorzunehmen. Die oberen Tabellen sind dünner besetzt. In diesen Anwendungsfällen werden Beschreibungen zur maximalen oder minimalen Füllerausdehnung benötigt. Die Höhe der oberen Tabellenzeile ist zwar in weiten Teilen flexibel, kann aber durch Angabe einer maximalen Höhe zugunsten anderer Tabellen auf eine weitere Ausdehnung verzichten, wenn der Platz nicht für Tabellenelemente verwendet wird (dieses ist leicht zu ermitteln). Andererseits sollte eine Tabelle nicht zu einem Strich degradiert werden, wenn kein Eintrag enthalten ist. Dieses kann durch Angabe einer minimalen Höhe erreicht werden. Deklarative Layoutbeschreibungen dieser Art sind besonders vorteilhaft, wenn eventuell noch weitere Dialogelemente zu einem Dialog hinzukommen (z.B. eine Schaltfläche „Edit Definition").

Unter Verwendung von Layoutbeschreibungen, wie sie oben vorgestellt wurden, werden Anordnung und Größenanpassung der in einem Dialog auftretenden Elemente automatisch durchgeführt, wenn das Dialogfenster (interaktiv) vergrößert bzw. verkleinert wird. Eine wesentliche Komponente der Beschreibungen sind die Füller. Der nächste Abschnitt enthält eine genauere Betrachtung der Berechnung von Füllelementen.

Anordnungsangaben können geschachtelt werden, d.h. in einer :vbox kann eine :hbox, in dieser wiederum eine :vbox auftreten. Das Federmodell für Füller gilt jedoch nur für Füller einer Schachtelungsebene. Abbildung 6 verdeutlicht den Zusammenhang.

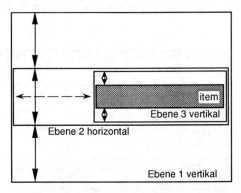

Abbildung 6: Schematische Darstellung von geschachtelten Boxen. Pfeile stellen Füllangaben dar. Füllangaben der Ebene 1 sind unabhängig von denen der Ebene 3.

Die Federn der Ebene 1 konkurrieren nicht mit denen der Ebene 3. Ansonsten müßte neben einer „Reihenschaltung" auch noch eine „Parallelschaltung" von Federn in die Berechnungen mit einbezogen werden. Der Berechnungsaufwand für die Länge der einzelnen Füller erhöhte sich erheblich (Gleichgewicht von Federsystemen). Außerdem wird die Benutzung der Beschreibungsmuster unnötig verkompliziert. Die

„Semantik" von Füllangaben wäre von einem Programmierer nicht einfach durchschaubar. Schon die Minimal- bzw. Maximalangaben machen es notwendig, ein Relaxationsverfahren für die Berechnung der Füllerlängen zu verwenden. Die Vorgehensweise ist allerdings noch recht anschaulich (Abbildung 7).

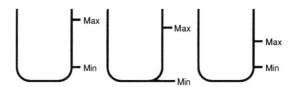

Abbildung 7: Wasserkrugmodell für Füllangaben.

Jeder Wasserkrug stellt einen Füller mit Minimal- und Maximalangaben bzgl. der Ausdehnung dar. Die Ausdehnung korrespondiert mit der Wasserfüllung. Der für alle Füller zur Verfügung stehende Platz wird durch ein externes Wasserreservoir dargestellt. Die Berechnung der Länge eines Füllers erfolgt nach folgendem Algorithmus:

– Jeder Wasserkrug wird zunächst aus diesem Wasserreservoir bis zum Minimum-Eichstrich gefüllt. Es wird sichergestellt, daß alle Krüge bis zum Minimum gefüllt sind (Restbedarf aus „Wasserleitung"[6]). Der Rest des Wasserreservoirs wird nun verteilt.

– Jedem Krug wird ein n-tel (n sei die Zahl der verbliebenen Wasserkrüge) des Wasserreservoirs zugeteilt. Durch die vorherige Auffüllung bis zum Minimum-Eichstrich sind jedoch alle Krüge unterschiedlich gefüllt. Es wird daher zunächst das minimale Füllniveau MIN aller Krüge bestimmt. Durch die 1/n-Zuteilung Z aus dem Wasserreservoir wird ein Füllniveau N = MIN + Z bestimmt. Alle Krüge werden zunächst bis zu diesem Füllniveau N gefüllt. Durch die Minimumfüllgarantie kann das spezielle Füllniveau eines einzelnen Kruges durchaus schon höher als MIN oder N liegen.

– Der zur Erreichung des Füllniveaus N nicht benötigte Teil der Zuteilung wandert zurück ins Reservoir. Wird ein Maximum-Eichstrich überschritten, so wird der Rest ins Reservoir zurückgeschüttet (der Krug sei ausreichend hoch) und der Krug wird beiseite gestellt (n <- n - 1).

– Sofern sich noch Wasser im Reservoir befindet und noch Krüge aufnahmefähig sind, beginnt der Verteilungszyklus von neuem. Der Algorithmus terminiert, wenn alle Krüge beiseite gestellt sind oder das Reservoir leer ist.

Eine Terminierung ist sichergestellt, da entweder ein Krug entfernt wird oder Wasser aus dem Reservoir verbraucht wird. Wird kein Krug beiseite gestellt, so wird in einem Iterationsschritt mindestens der Krug mit dem Füllniveau MIN mit Wasser aus dem Reservoir gefüllt. Rundungsfehler werden akkumuliert, am Ende gerundet und als Einzelzuteilung zu dem letzten Füller dazuaddiert[7].

5   Optimierungsalgorithmen

Durch die Realisierung eines (objektorientierten) Verwaltungssystems für allgemeine Sichtbereichselemente zusammen mit der Verwendung von Referenzen als Layoutbeschreibungen läßt sich die Reihenfolge von Zeichen- und Löschoperationen optimieren. Ein Beispiel soll dieses verdeutlichen: Die Graphknoten aus Kapitel 3.2 (Abbildung 4) sind beweglich. Wird z.B. der linke obere Knoten mit der Inschrift „TV:VIEW-ITEM" verschoben, so müssen die referenzierenden Kanten über die Positionsänderung benachrichtigt werden. Nun ist es aber nicht erforderlich, die Layoutbeschreibung (der Kanten) neu zu interpretieren, sondern es reicht, zu den entsprechenden Referenzpunkten einen Translationsvektor zu addieren. Nur dieser Vektor wird „propagiert."

Bei der korrespondierenden Aktualisierung der Graphik sollte nun nicht jede Kante ungeordnet neu gezeichnet werden (redundantes Zeichnen und Löschen von „später" noch verschobenen Kanten, Ping-Pong-Effekt bei der graphischen Ausgabe). Statt die generischen Zeichenfunktionen (s.o.) direkt zu evaluieren, kann man zunächst beim „Propagieren" der Verschiebung über die Referenzen zunächst nur Zeichen- bzw. Lösch*aufträge* in einer Art Zeichenpuffer (cache), der durch die Sichtbereiche verwaltet wird, ablegen. Nach einer Operation, die mehrere Zeichenaufträge generiert, wie etwa das Verschieben eines Graphknotens, kann der Cache gelöscht werden, d.h. nach *einmaliger* Koordinatentransformation können zunächst alle eingetragenen Lösch- und dann die ggf. vermerkten Zeichenfunktionen evaluiert werden.

Es soll an dieser Stelle noch einmal betont werden, daß die geschilderten Verwaltungsalgorithmen nicht nur auf Graphknoten und -kanten sondern auf beliebige zweidimensionale Objekte (Sichtbereichselemente) angewendet werden können. Abbildung 8 zeigt eine problemnahe, konzeptionelle Visualisierung für einen Wegefindungsalgorithmus, der zwei Punkte verbindet, ohne eine Menge von horizontalen und vertikalen Liniensegmenten zu kreuzen. Der Algorithmus wird in diesem Beispiel jedoch eingesetzt, um (verschiebbare) Kreise zu verbinden. Für die Visualisierung sind die nicht zu kreuzenden Objekte also Kreise und keine Liniensegmente![8] Eine Darstellung der Koordinaten der Verbindung der Grenzsegmente in einem Inspektorsystem ist aufgrund der Masse der Daten nicht interpretierbar. Die Visualisierung zur Darstellung der gefundenen Verbindung wurde mit geringem Aufwand mithilfe der in diesem Bericht vorgestellten Bausteine erstellt (ca. 4 Seiten Code).

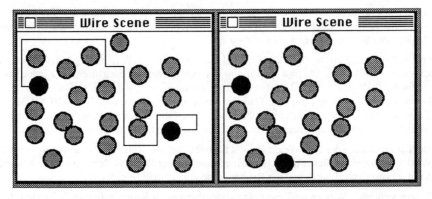

Abbildung 8: siehe Text. Der rechte schwarze Kreis wurde interaktiv verschoben.

6 Layoutangaben in anderen Systemen

Das zur Entwicklung von Benutzerschnittstellen konzipierte System InterViews [11] orientiert sich in Bezug auf die Anordnung von Elementen in einem Dialog ebenfalls an dem TEX-Modell mit vertikalen und horizontalen Boxen. Das in C++ realisierte System erlaubt die Definition von Füllelementen mit maximaler und minimaler Ausdehnung sowie eine Verwendung von numerischen Distanzangaben. Füller und Boxen werden hier als Objekte realisiert. Eine Ausdehnung der Boxen kann nicht festgelegt werden. Ein entsprechendes Ausdrucksmittel zu der in dieser Arbeit vorgestellten Rahmenbox (:fbox), die die Größe eines anzuordnenden Elements angibt, existiert u.W. im InterViews-System nicht. Selbstdefinierte Parser für Layoutbeschreibungen (:gbox) können in InterViews nicht auf einfache Weise integriert werden.

Layoutbeschreibungen für die Anordnung von Fenstern wurden als Teil des WISDOM-Projektes entwickelt [7]. Es existieren hier vordefinierte Klassen (Cluster) zur Anordnung von Fenstern in Form einer Sequenz, eines Stapels, eines Kreises usf. Layoutbeschreibungen werden als eigenständige Objekte realisiert. Es können nachträglich Fenster zu einem Cluster hinzugefügt werden. Füllangaben und Rahmenboxen sind in diesem System nicht vorgesehen. Dieses System ermöglicht u.W. keine Integration der Formalismen zur Anordnungsbeschreibung von Objekten innerhalb eines Fensters.

Die Symbolics-Programmierumgebung Genera[9] [15] bietet ebenfalls Mechanismen zur Bestimmung von Layouts für Fensteranordnungen.

```
(defflavor example-frame
   ()                              ; no instance variables
   (tv:bordered-constraint-frame)  ; superclass
   :settable-instance-variables
   (:default-init-plist
    :panes '((pane-1 tv:window-pane …)   ; sub-windows
             (pane-2 tv:window-pane …))
    :configurations
       '((config1 (:layout (config1 :column pane-1 pane-2))
                  (:sizes (config1 (pane-1 :even) (pane-2 :even))))
         (config2 (:layout (config2 :row pane-1 pane-2))
                  (:sizes (config2 (pane-1
                                    :limit
                                    (5 10 :characters :even)
                                    (pane-2 :even)))))
    :configuration 'config1))      ; default configuration
```

Subfenster (panes) können in einem Rahmenfenster (frame) spaltenweise (:column) oder zeilenweise (:row) angeordnet werden. Größen können absolut festgelegt, relativ bestimmt oder bzgl. der anzuordnenden Objekte berechnet werden. Dieses ist vergleichbar mit dem Boxmodell (:vbox vs. :column, :hbox vs. :row, Verwendung von :as-needed). Auch Füllangaben werden unterstützt (:filler vs. :even). Absolute Distanzen können ebenso festgelegt werden. Als Erweiterung sind hier Angaben nicht nur in der Maßeinheit Pixel möglich, sondern es können auch Maßeinheiten wie Zeilen oder Zeichen verwendet werden. Anordnungen mit :even lassen sich durch Minimal- und Maximalanforderungen einschränken (:limit 5 10 …). Dieses entspricht den Beschränkungsangaben für Füller in dem Boxmodell der in dieser Arbeit vorgestellten Anordnungsbeschreibungen. Die hier aufgeführten Layoutbeschreibungen von Genera beziehen sich auf Anordnungen von Fenstern in anderen Fenstern. Graphische Objekte, wie sie durch Sichtbereichselemente unterstützt werden, können dagegen nicht angeordnet werden. Referenzen (lokale Anordnungen) werden ebenfalls nicht unterstützt.[10]

Zur Definition von Anordnungen für Dialogelemente wurden eine Reihe von interaktiven Werkzeugen entwickelt (Interface Builder, Dialog Designer). Die meisten Systeme ermöglichen jedoch nur eine statische Anordnung von Interaktionsobjekten in nicht in der Größe veränderbaren Dialogen. Sowohl Füllabstände als auch darzustellende Interaktionsobjekte passen sich nicht an die Fenstergröße an. Eine Ausnahme bildet das System FormsVBT von Avrahami et al. [1]. In diesem System werden sowohl textuelle als auch graphische Beschreibungsformen unterstützt. Die verwendeten Anordnungsbeschreibungen orientieren sich ebenfalls an dem Box-Modell von TEX. Für Boxanordnungen wurde eine ähnliche Beschreibungssprache entwickelt.[11] Es werden (in etwas anderer Terminologie) ebenfalls :filler und :fbox Beschreibungen unterstützt. Eine wichtige Erweiterung ist die Kopplung von textueller und graphischer Darstellung. Eine Manipulation der einen Darstellung bewirkt eine entsprechende Änderung der anderen Darstellung. Das Gesamtsystem ist allerdings nicht objektorientiert und die Layoutalgorithmen können nur auf Dialogelemente angewendet werden. Referenzen, wie sie von den in diesem Bericht vorgestellten Sichtbereichselementen verwaltet werden, sind nicht vorgesehen. Sichtbereichselemente bilden die Basis für komplexere Visualisierungen, lassen sich jedoch mit den gleichen Beschreibungen wie Standard-Interaktionsbausteine anordnen.

7 Zusammenfassung und Ausblick

Der in diesem Beitrag vorgestellte Ansatz zur Layoutspezifikation ist ein wichtiger Bestandteil einer integrierten Umgebung, die die Erstellung von Visualisierungen unterstützt [13]. Unser Ansatz gestattet es, für beliebige komplexe Objekte entsprechende graphische Repräsentationen zu definieren und diese mithilfe der angebotenen Spezifikationsmechanismen zweidimensional anzuordnen. Die gebotene Funktionalität reicht von der Erstellung mehr textorientierter Benutzungsoberflächen (Inspektor) bis zur allgemeinen graphischen Darstellung komplexer Datenstrukturen (DAGs) und Algorithmen (Wegefindung). Dabei hat sich die Anlehnung unserer Spezifikationssprache an das TEX-Modell gut bewährt.

Die unserem System zugrundeliegenden Algorithmen bieten durch ihre leichte Erweiterbarkeit eine gute Ausgangsbasis für weitergehende Entwicklungen. Beliebige zweidimensionale Layoutbeschreibungen können ohne Änderung des bestehenden Systems integriert werden. Als wichtigste Erweiterung wäre eine Beschreibung der vertikalen Überlagerungsstruktur der (zweidimensionalen) Sichtbereichselemente zu nennen. In der gegenwärtigen Version ist die Überlagerungsstruktur nicht determiniert. Es ist noch nicht klar, wie eine Beschreibung hierfür aussehen könnte. Beispielsweise ist die Definition einer partiellen Ordnung für Elemente einer Ebene denkbar. Ebenen sollten wie Folien überlagert werden können.

Durch Verwendung von Layoutbeschreibungen tritt der Vorgang des Anordnens von Elementen (in einer Box) in den Hintergrund. Für ein Verarbeitungsmodell wurde eine Notationsform entworfen, die das zu lösende Problem beschreibt, nicht jedoch die Lösungsmethode widerspiegelt. Inwieweit die Anordnungsschemata als Primitive zur Repräsentation von Anordnungswissen verwendet werden können, ist nicht geklärt, da bisher noch keine formale Semantik für die Layoutsprache angegeben wurde. Hier könnte sich eine Untersuchung anschließen, inwieweit sich das Modell zur Repräsentation von zweidimensionalem Anordnungswissen eignet bzw. in welche Richtung Erweiterungen nötig sind.

Danksagung

Der zweite Autor wurde während der Anfertigung dieses Beitrags durch ein Stipendium des Wissenschaftsausschusses der NATO über den DAAD unterstützt.

Literatur

1. Avrahami, G., Brooks, K.P., Brown, M.H.: *A Two-View Approach to Constructing User Interfaces*, ACM SIGGRAPH Computer Graphics, 23, 3, July 89, 137-146 (1989)

2. Borning, A.: *The Programming Language Aspects of ThingLab, a Constraint-Oriented Simulation Laboratory*, ACM Trans. Programming Languages and Systems, 3, 4, Oct. 1981, 353-387 (1981)

3. Brown, M. H.: *Algorithm Animation*, ACM Distinguished Dissertations Series, MIT Press (1988)

4. Eisenstadt, M., Brayshaw, M.: *The Transparent Prolog Machine (TPM): An Execution Model and Graphical Debugger for Logic Programming*, Journal of Logical Programming, 5, 277-342 (1988)

5. Haarslev, V., Möller, R.: *Visualization of Experimental Systems*, in: Proceedings, 1988 IEEE Workshop on Visual Languages, Pittsburgh/PA, Oct. 10.-12. 1988, IEEE Computer Society Press, 175-182 (1988)

6. Haarslev, V., Möller, R.: *VIPEX: Visual Programming of Experimental Systems*, in: Visual Languages and Visual Programming, S. K. Chang (Hrsg.), Plenum Press, New York and London, 185-212 (1990)

7. Herczeg, M.: *INFORM-Manual: Clusters Version 1.9*, Universität Stuttgart, Institut für Informatik, Forschungsgruppe INFORM, Verbundprojekt WISDOM, Forschungsbericht, FB-INF-85-27 (1986)

8. Herczeg, M.: *USIT - Ein Benutzerschnittstellen-Baukasten für ein Interaktionskontinuum*, in: German Chapter of the ACM, Berichte Nr. 39, Software Ergonomie '89, S. Maaß, H. Oberquelle (Hrsg.), Teubner (1989)

9. Keene, S.: *Object-Oriented Programming in CLOS - A Programmer's Guide to CLOS*, Addison-Wesley (1989)

10. Knuth, D.E.: *TEX and Metafont – New Directions in Typesetting*, Digital Press (1979)

11. Linton, M.A., Vlissides, J.M., Calder, P.R.: *Composing User Interfaces with InterViews*, IEEE Computer, 22, 2, 8-22 (1989)

12. Matwin, S., Pietrzykowski, T.: *Prograph: A Preliminary Report*, Computer Languages, 10, 2, 91-126 (1985)

13. Möller, R.: *Entwicklung von Visualisierungswerkzeugen in objektorientierten Systemen unter Verwendung von KI-Programmiermethoden*, Diplomarbeit am Fachbereich Informatik, Universität Hamburg, Dezember (1989)

14. Stoyan, H.: *Programmiermethoden der Künstlichen Intelligenz*, Band 1, Studienreihe Informatik, Springer-Verlag (1988)

15. Symbolics: Handbücher zur Symbolics-Programmierumgebung, 7A Programming the User Interface – Concepts, Symbolics Inc. (1988)

16. Wright, S., Feuerzeig, W., Richards, J., *pluribus: A Visual Programming Environment for Education and Research*, in: 1988 IEEE Workshop on Languages for Automation, Symbiotic and Intelligent Robotics, Univ. of Maryland, College Park, Maryland, Aug. 29-31, IEEE Soc. Press (1985)

---

1 Allegro Common Lisp und Apple Macintosh sind eingetragene Warenzeichen der Firma Apple Computer.

2 Die Lage der Knoten kann auch von der Topologie der Kanten abhängig sein, wenn z.B. Kreuzungen vermieden oder ästhetische Gesichtspunkte berücksichtigt werden sollen.

3 Die Pfeilform des Objekts A symbolisiert gleichzeitig die Referenzrichtung, d.h. A ist das referenzierende und B das referenzierte Objekt. Über die Definition der Pfeilspitze ist hier nichts ausgesagt. Diese könnte durch eine Referenz zu einem Objekt C festgelegt werden.

4 Die Linie aus Abbildung 3 zwischen P1 und P2 ist nicht interaktiv verschiebbar, da deren Klasse `line-view-item` sinnvollerweise nicht `moveable-view-item-mixin` als Superklasse hat.

5 Der verwendete Algorithmus zur Anordnung der Graphknoten aus Abbildung 4 stammt von M. Hußmann, Universität Hamburg.

6 Sollte ein Restbedarf bestehen, so bedeutet dieses, daß der zur Verfügung gestellte Platz nicht ausreicht. Die Boxelemente stehen über den Rand der Box hinaus.

7 Dieses ist im Zusammenhang mit Rahmenboxen notwendig, die sonst an unteren Boxrand nicht „anliegen".

8 Die Grenzsegmente eines Kreises sind die Seiten des minimalen umschließenden Rechtecks mit waagerechten bzw. senkrechten Kanten.

9 Symbolics und Genera sind eingetragene Warenzeichen der Firma Symbolics, Inc., Cambridge, Massachussets.

10 Genera unterstützt allerdings die spezielle Anordnung von azyklischen Graphen im Rahmen der sog. Presentation-Types. Presentation-Types können mit Klassen von Sichtbereichselementen verglichen werden, haben aber im Zusammenhang mit Eingaben weiterführende Aufgaben. Als Vorteil der hier vorgestellten Sichtbereichselemente ließe sich die orthogonalere Realisierung innerhalb des CLOS-Objektsystems nennen.

11 Das Gesamtsystem FormsVBT wurde in eine Modula-2-Umgebung integriert. Im Gegensatz zu einer Lisp-Umgebung läßt sich bei Modula die Beschreibungssprache für Anordnungen jedoch nicht in die Sprache integrieren, sondern bildet eine eigene, isolierte Interpretationsschicht (vgl. Abschnitt 3.2).

Parametrische Formelemente als Basis für intelligentes CAD

Dieter Roller
Hewlett Packard GmbH, Postfach 1430
D-7030 Böblingen

Zusammenfassung Als Einführung wird die Technik von Formelementen in CAD und deren Funktion als Grundlage für wissensbasierte Konstruktion erläutert. Danach wird ein Systemkonzept für parametrische Formelemente in Solid Modeling vorgestellt. Dieser Ansatz ermöglicht insbesondere das Modellieren von Abhängigkeiten von Formelementen untereinander. Die interaktive Konstruktion mit abhängigen Formelementen wird abschließend anhand eines nach diesem Konzept aufgebauten Softwareprototyps gezeigt.

1. Einführung

Konventionelle CAD-Systeme für den Anwendungsbereich Mechanik sind in ihrer Datenstruktur so ausgelegt, daß lediglich das Resultat einer Konstruktion in Form einer Geometriebeschreibung gespeichert wird. Das heißt, wesentliche Informationen über Konstruktionsentscheidungen und Konstruktionszusammenhänge werden informationstechnisch nicht berücksichtigt.

Als Folge hiervon ist unter anderem keine optimale intelligente Hilfestellung des CAD-Systems während der Konstruktion möglich. Darüberhinaus ist die Ingtegrationsmöglichkeit in eine CIM-Umgebung beschränkt. Aus diesem Aspekt heraus wurden verschiedene Ansätze für Konstruktion mit Formelementen entwickelt [1, 2, 3, 5, 13, 16]. Unter einem Formelement wird in diesem Zusammenhang eine Geometriebeschreibung eines solchen Teils der Konstruktion verstanden, der in der Prozeßkette von der Konstruktionsaufgabe bis zum fertigen Produkt eine signifikante Rolle spielt. Beispiele für Formelemente sind Senklöcher, Lochkränze, Führungsschienen, Paßfedern, Fasen und Rundungen (vgl. Abb. 1).

Um heutige CAD-Systeme effizient in eine CIM-Umgebung einzubinden wurden Verfahren entwickelt, die bestimmte Formelemente automatisch im Nachhinein aus CAD-Daten herausfinden [4, 14, 15]. Ein typisches Anwendungsbeispiel für diese Vorgehensweise ist die automatische Prozeßplanerzeugung aus CAD-Daten. Es ist dabei zu bemerken, daß alle derzeit bekannten Formelemente-Erkennungsverfahren starke Einschränkungen sowohl in der Klasse der erkennbaren Formelemente, als auch in der notwendigen Geschwindigkeit für eine interaktive Arbeitsumgebung haben.

Ziel ist es daher, CAD-Systeme zu entwickeln, die dem Anwender die Möglichkeit bieten, direkt mit Formelementen zu konstruieren. Diese Formelemente sind dann in der Datenstruktur abzubilden. Von den bekannten Techniken zur dreidimensionalen Modellrepräsentation ist die Volumenmodellierung, auch "Solid Modeling" genannt, die umfassenste bezüglich der Vollständigkeit der geometrischen Beschreibung [6, 8]. Wir betrachten daher im folgenden die Erweiterung von Solid Modeling auf die Konstruktion mit Formelementen.

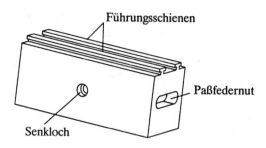

Abb. 1: Beispiele für Formelemente

Eine Repräsentation von strukturellem und semantischem Wissen in Form von Formelementen in der Datenstruktur ermöglicht konstruktionsbegleitend eine wissensbasierte Unterstützung des Konstrukteurs. Konkret wird dadurch potentiell die Möglichkeit geschaffen, einzelne Konstruktionsschritte automatisch bezüglich Fertigungskosten, Herstellbarkeit oder Wartbarkeit auszuwerten und dem Anwender entsprechende Rückmeldung zu geben oder gar ungünstige bzw. falsche Konstruktionen zu verbieten.

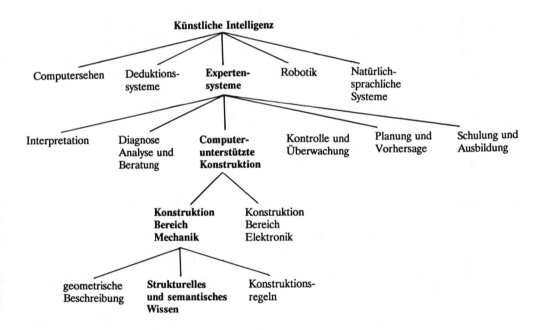

Abb. 2: Einordung der hier betrachteten Aufgabe in den Bereich der Künstlichen Intelligenz

Technologisch gesehen kann die Auswertung des strukturellen und semantischen Wisens über die Konstruktion durch ein Expertensystem erfolgen. Aufgabe des Expertensystems ist es dann, dieses Wissen mit Konstruktionsregeln des jeweiligen Anwendungsbereiches zu verknüpfen. Abb. 2 zeigt schematisch die Einordnung des im vorliegenden Beitrags betrachteten Aspekts von wissensbasierter Konstruktion in den Bereich der künstlichen Intelligenz.

Mit einer expliziten Repräsentation von Formelementen, ist außerdem eine Möglichkeit geschaffen, zu subsequenten oder parallelen Ablaufschritten, wie Finite-Elemente-Analyse oder Prozeßplanerstellung, effizientere Kopplungen zu entwerfen. Da jedoch vom Konstrukteur im allgemeinen nicht erwartet werden kann, daß bei der Konstruktion alle für den Gesamtprozeß relevanten Formelemente festgelegt werden, ist eine hochentwickelte automatische Formelementeerkennung nach wie vor von Bedeutung.

Bezüglich der Unterstützung von Formelementen in einem CAD-System sind folgende Hauptanforderungen zu stellen:

- Formelemente sollen vom Anwender interaktiv selbst erstellbar sein

- Für spezielle Anwendungsgebiete sollen Standardformelemente in Form einer Bibliothek zur Verfügung stehen

- Die Möglichkeit einer effizienten Modifikation von benutzten Formelementen in einer Konstruktion muß vorhanden sein

- Abhängigkeiten von Formelementen untereinander sollen modellierbar sein

Die letzteren beiden Punkte sind deshalb besonders wichtig, weil in der Praxis relativ viele Konstruktionen durch Änderung aus bereits existierenden Konstruktionen gewonnen werden können. Dabei ist es wünschenswert, daß Relationen zwischen Formelementen bei der Änderung automatisch berücksichtigt werden. Typische Relationen zwischen Formelementen sind Größenverhältnisse. So sollte beispielsweise die Änderung des Durchmessers eines Wellenendstücks die Anpassung des entsprechenden Lagerdurchmessers bewirken. Andererseits ermöglichen leistungsfähige Modifikationstechniken für Formelemente potentiell eine automatische oder teilautomatische Auslegung bzw. Optimierung der Konstruktion.

Im folgenden wird ein Konzept für computerunterstützte Konstruktion mit Formelementen vorgestellt, welches die aufgezeigten Hauptanforderungen unterstützt.

2. Ein Systemkonzept für Konstruktion mit parametrischen Formelementen

Zunächst stellt sich die Frage der Repräsentation von Formelementen in einem Solid-Modeling-System. Eine Übersicht über verschiedene Gesichtspunkte hierzu findet sich in [7]. Im Rahmen der vorliegenden Arbeit wurde als Grundlage ein Solid-Modeling-System mit Boundary Representation (B-rep) gewählt [12], das heißt, alle Berandungsflächen des Modells sind explizit in der Datenstruktur vorhanden.

In unserem Ansatz sind Formelemente durch Berandungsflächen mit assoziierter Entstehungsvorschrift repräsentiert und können in einem Modell durch Identifikation einer Formelementkomponente, sowohl als auch über einen Namen selektiert werden.

Die Interaktion mit Formelementen beruht zunächst auf der Anwendung des sogenannten Arbeitsebenen- und Bearbeitungskommandokonzeptes für dreidimensionale Konstruktion [9, 10]. Unter einer "Arbeitsebene" wird eine Ebene im Modellraum verstanden, die dadurch ausgezeichnet ist, daß die Modellgeometrie so auf die Bildschirmebene projiziert wird, daß die Arbeitsebene senkrecht zur Betrachterblickrichtung steht. Dadurch wird die Konstruktion in der Arbeitsebene im wesentlichen auf ein zweidimensionales Problem zurückgeführt.

In einer Arbeitsebene werden Profile mit herkömmlichen 2D-Techniken konstruiert. Diese Profile werden dann in Bearbeitungskommandos zum dreidimensionalen Modellaufbau benutzt. Typische Bearbeitungskommandos sind FRÄSEN, DREHEN und BOHREN. Systemintern lassen sich solche Bearbeitungs- kommandos als Folge von elementaren 3D-Befehlen realisieren [9].

Um leistungsfähige nachträgliche Modifikationen von Formelementen in einer Konstruktion zu ermöglichen, definieren wir Formelemente parametrisch, und zwar mit Maß- und Lageparametern. Die Generierung von Formelementen erfolgt dann in folgenden Schritten:

- Interaktive Erstellung eines Profils mit variablen Maßen

- Verwendung des parametrisierten Profils in ebenfalls parametrisierten Bearbeitungskommandos

- Optionale zusätzliche Verwendung des parametrisierten Profils zur Erzeugung von abhängigen Formelementen

Abb. 3 zeigt die Programmstruktur eines Softwareprototyps für die Konstruktion mit Formelementen, der zum Studium des vorgestellten Konzeptes implementiert wurde. Nach Auswahl von FORMELEMENTE kann entweder ein vordefiniertes Formelement aus der Bibliothek zum Einbau in die Konstruktion abgerufen werden, oder es können Parameter von bereits in der Konstruktion existierenden Formelementen geändert werden.

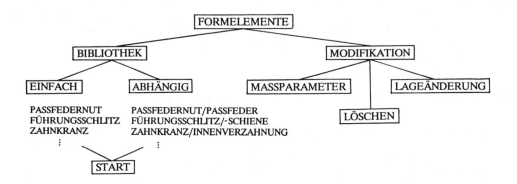

Abb. 3: Programmstruktur

Die Auswahl eines Formelements kann als einfaches, bzw. unabhängiges Formelement erfolgen, oder zusammen mit einem abhängigen Formelement als Gegenstück. Zur Modifikation von eingebauten Formelementen stehen die Optionen LÖSCHEN, LAGEÄNDERUNG und MASSPARAMETER zur Verfügung.

2.1 Erzeugung von parametrischen Formelementen

Wir führen folgende Parameter für Formelemente ein:

- Maßparameter von Profilen, die zur Erzeugung der Formelemente verwendet werden

- Maßparameter für die dritte Dimension, die in ein Bearbeitungskommando einfließen

- Lageparameter für die relative Lage eines Formelements nach dem Einbau in die Konstruktion

Die parametrisierten Profile werden nach einem in [11] beschriebenen Verfahren für interaktive Variantenkonstruktion erzeugt. Abb. 4 zeigt ein parametrisiertes Führungsschienenprofil als Beispiel. Die Parameter D1 bis D7 sind dabei Distanzparameter, bzw. variable Längenmaße. Die hinter den Parametern stehenden Symbole kennzeichnen die für dieses Beispiel relevanten geometrischen Restriktionen "horizontal" bzw. "vertikal".

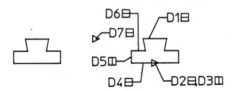

Abb. 4: Profilparameter

Die 3D-Maßparameter spezifizieren die Benutzung eines Profils in einer Bearbeitungsfunktion. Ein Beispiel für einen solchen Parameter ist TIEFE für die Anwendung der Bearbeitungsfunktion FRÄSEN auf ein Profil. Mit einem Profil, den Profilparametern, den 3D-Parametern und der Spezifikation einer Bearbeitungsfunktion ist ein Formelement eindeutig und vollständig beschrieben. Die Wahl der Bearbeitungsfunktion und des Vorzeichens des 3D-Parameters legt dabei fest, ob es sich um ein positives oder negatives Formelement handelt, das heißt, ob es Material einschließt, oder eine Materialaussparung repräsentiert. Wird ein Formelement zur Konstruktion benutzt, so werden alle Flächen des korrespondierenden Volumenmodells, die durch das Formelement kreiert wurden, mit einem Zeiger auf die Formelementdefinition, sowie den Lageparametern versehen.

2.2 Modellierung von Relationen zwischen Formelementen

Formelemente repräsentieren zumeist eine technische Funktion. Es kommt daher häufig vor, daß in einer Konstruktion zu einem Formelement ein positives oder negatives Gegenstück existiert. Solche Gegenstücke können Teil desselben Körpers sein, eigene Körper darstellen oder in einen anderen Körper eingebaut sein. Ein Beispiel hierfür ist eine Paßfedernut mit der entsprechenden Paßfeder als Gegenstück, die analog zur Paßfedernut aufgebaut ist. Ein weiteres markantes Beispiel ist eine Verzahnung, die in der Praxis immer ein Gegenstück in Form einer passenden Innenverzahnung oder ein zweites Zahnrad mit der gleichen Zahncharakteristik hat (vgl. Abb. 5).

Wir bezeichnen solche Gegenstücke als abhängige Formelemente und diejenigen Formelemente, auf die Bezug genommen wird, als Bezugsformelemente. Die einfachste Art der Abhängigkeit ist dabei die Übereinstimmung von Maßen. Beispiele für allgemeinere Abhängigkeiten sind:

- Relation zwischen Maßen durch eine Formel gegeben

- Toleranzabhängigkeiten, wie zum Beispiel die Preßpassung eines Lagersitzes

- Mehr als zwei abhängige Formelemente in einer Vielzahl von Körpern, zum Beispiel eine bestimmte Gewindebohrung, die in einer kompletten Maschine mehrfach vorkommt

In der bisherigen Prototypimplementierung wurde die Abhänigkeit in Form von Maßübereinstimmung realisiert. Die Modellierung der Abhängigkeit von Formelementen erfolgt dabei in folgenden Schritten:

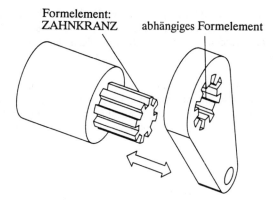

Formelement:
ZAHNKRANZ   abhängiges Formelement

Abb. 5: Abhängige Formelemente

- Auswahl eines Formelements aus der Bibliothek mit der Option ABHÄNGIG
- Eingabe aller Parameter des Bezugsformelements
- Eingabe der Lageparameter des abhängigen Formelements
- Start des Modellaufbaus

Die von abhängigen Formelementen resultierenden Modellflächen werden als abhängig markiert und erhalten einen Verweis auf das Bezugsformelement. Die Definition des abhängigen Formelements ist in der Formelementebibliothek abgelegt.

2.3 Konstruktionsmodifikation über Formelemente

Formelemente innerhalb einer Konstruktion können auf zwei verschiedenen Niveaus modifiziert werden:

- Lagevariation innerhalb der Bezugsfläche des Körpers
- Variationen von beliebigen Parametern

Die reine Lagevariation erfolgt dabei durch sogenannte lokale Operationen. Unter lokalen Operationen verstehen wir geometrische Manipulationen, bei denen die Integrität des Gesamtmodells zunächst unberücksichtigt bleibt. Abb. 6 zeigt die Anwendung von lokalen Operationen VERSCHIEBEN und ROTIEREN auf ein Formelement PASSFEDERNUT.

Formelement: PASSFEDERNUT

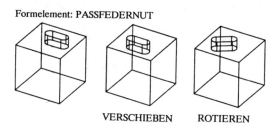

VERSCHIEBEN   ROTIEREN

Abb. 6: Repositionierung von Formelementen

Bei dieser Art von Modifikation bleibt die prozedurale Definition des Formelements über ein Bearbeitungskommando unberücksichtigt. Dadurch, daß lediglich die betroffenen Flächen des Volumenmodells modifiziert werden, ist diese Art von Formelementemodifikation besonders schnell in der Ausführung.

Abb. 7 zeigt für dasselbe Beispiel alle Parameter des eingebauten Formelements PASSFEDERNUT. Bei einer Änderung der Maßparameter wird zunächst das Formelement durch Ausführen einer entsprechend komplementären Vorschrift zur Formelementerzeugung entfernt. Anschließend wird der Formelementeinbau mit den neuen Maß- und Lageparametern ausgeführt.

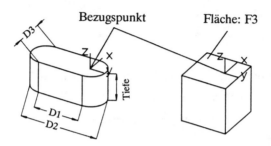

Abb. 7: Maß- und Positionsparameter eines Formelements

Abb. 8 zeigt das Resultat einer Modifikation des Maßparameters TIEFE, sowohl als auch aller Lageparameter. Die Paßfedernut wird dabei in gedrehter Form mit geänderter Tiefe in eine andere Bezugsfläche des Grundkörpers eingebaut.

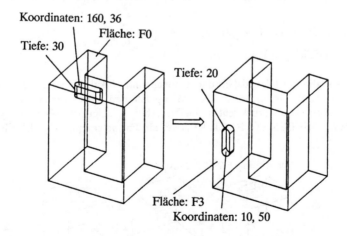

Abb. 8: Variation mehrerer Parameter

3. Beispiel einer Konstruktion mit abhängigen Formelementen

Im folgenden wird der Konstruktionsablauf für eine Konstruktion mit abhängigen Formelementen an einem einfachen Beispiel beschrieben. Abb. 9 zeigt einen Quader und ein U-Profil-Werkstück als Ausgangskörper einer Baugruppe. Diese Körper können entweder herkömmlich als Volumenmodelle erzeugt oder bereits als Formelemente aus einer Bibliothek abgerufen werden. Abb. 10 zeigt schematisch die Datenstruktur für den Fall, daß die Ausgangskörper konventionell eingegeben wurden. Falls vom Anwender keine speziellen Namen für Körper und Baugruppen angegeben werden, werden systemintern Namen mit fortlaufenden Indizes vergeben.

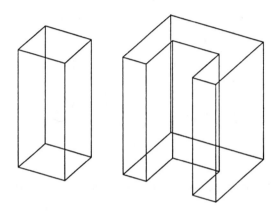

Abb. 9: Ausgangskörper

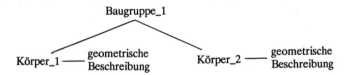

Abb. 10: Datenstrukturschema für die Ausgangskörper

Aus der Formelementebibliothek wird jetzt das Formelement FÜHRUNGSSCHIENE mit der Option abhängig angefordert. Dabei sind zunächst Werte für die bereits in Abb. 4 gezeigten Maßparameter, sowie die Länge der Führungsschiene anzugeben. Das System unterstützt diese Eingaben durch eine Darstellung des Schienenprofils mit seinen Parametern. Im nächsten Schritt ist die Fläche eines Körpers zu wählen, an welche die Führungsschiene angebracht werden soll. Jetzt erfolgt die Angabe der Position innerhalb der Fläche, die mit dem Bezugspunkt des gewählten Formelementes zur Deckung gebracht werden soll.

Damit liegen alle Parameter für den Einbau des Formelements FÜHRUNGSSCHIENE fest und der Modellaufbau wird gestartet. Nach der Anzeige des Resultates auf dem Bildschirm werden die entsprechenden Lageparameter für das abhängige Formelement angefordert. Dieses abhängige

Formelement ist das Gegenstück zur Führungsschiene und stellt eine Führungsnut dar. Als Abhängigkeiten sind in diesem Beispiel die Übereinstimmung der Profilmaße vordefiniert. Abb. 11 zeigt die Darstellung der Konstruktion nach Einbau der Führungsschiene und der Führungsnut als Gegenstück. In Abb. 12 ist das zugehörige Datenstrukturschema für die Repräsentation des strukturellen und semantischen Wissens über die Baugruppe in Form von abhängigen Formelementen dargestellt.

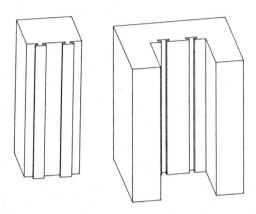

Abb. 11: Konstruktion von Führungsschiene und Führungsnut als abhängige Formelemente

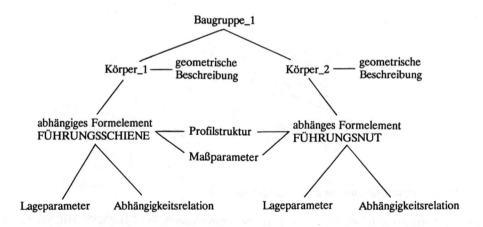

Abb. 12: Datenstrukturschema für die Repräsentation der Baugruppe

Zur Modifikation der Konstruktion stehen uns jetzt die Maßparameter der Führungsschiene sowie die Lageparameter von Führungsschiene und Führungsnut zur Verfügung. Die Maßparameter der Führungsschiene sind über die Abhängigkeitsrelation implizit definiert und können daher nicht editiert werden. Abb. 13 zeigt das Ergebnis einer Variation von Profiltiefe und Profilwinkel.

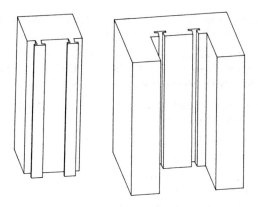

Abb. 13: Modifizierte Führungsschiene mit angepaßter Führungsnut

4. Schlußfolgerung und Ausblick

Es wurde ein Systemkonzept zur Konstruktion mit parametrischen Formelementen vorgestellt. Neben Maß- und Lageparameter beinhaltet dieser Ansatz die Modellierung von Abhängigkeiten von Formelementen untereinander. Auf diese Weise ist eine besonders leistungsstarke Modifikation von Konstruktionen über Änderung von Formelementparameter möglich, wobei die Abhängigkeiten von Formelementen automatisch berücksichtigt werden. Die unmittelbaren Vorteile dieses Konzeptes sind eine Effizienzsteigerung bei der Eingabe der Konstruktion, sowie eine Reduktion von Fehlermöglichkeiten bei Konstruktionsänderungen.

Ein noch größeres Potential dieses Ansatzes liegt jedoch in der Nutzung der aus den Formelementen resultierenden semantischen Information. Ein Ziel für zukünftige Entwicklungen sollte daher sein, durch automatische Auswertung von Konstruktionswissen, in CAD-Systemen eine aktive Unterstützung bei der Konstruktion bereitzustellen.

Literatur

1. "Current Status of Features Technology" Report No. R-888-GM-04.1, CAM-I Inc., Arlington, Texas, 1988

2. Cunningham, J.J., Dixon, J.R.: Designing with Features: The Origin of Features. Proceedings of the 1988 ASME International Computers in Engineering Conference and Exhibition. ASME, New York.

3. Gossard, D., Zuffante, R. and Sakurai, H., "Representing Dimensions, Tolerances and Features in MCAE Systems", IEEE Computer Graphics and Applications, March 1988

4. Henderson, M.R. and Anderson, D.C.: Computer Recognition and Extraction of Form Features: a CAD/CAM Link. Computers in Industry 5 (4), 1984

5. Hirschtick, J.K., Gossard, D.C.: Geometric Reasoning and Design Advisory Systems. Proceedings of the 1986 ASME International Computers in Engineering Conference and Exhibition, July 20-24, 1986, Chicago, IL

6. Johnson, R.H.: Solid Modeling: A State-Of-The-Art Report. CAD/CIM Alert, Management Roundtable, Inc., Chestnut Hill, Massachusetts, 1985

7. Pratt, M.J.: Synthesis of an optimal approach to form feature modelling. Proceedings of the 1988 ASME International Computers in Engineering Conference and Exhibition, Volume one. The American Society Of Mechanical Engineers, New York.

8. Requicha, A., Voelker, H.B.: Solid Modeling: A Historical Summary and Contemporary Assessment. IEEE CG&A, March, 1982

9. Roller, D.: Benutzbarkeitsaspekte von CAD-Systemen. CAD/CAM Manual 1988, Institute of industrial Innovation, Linz, 1988, pp. 19-34

10. Roller, D., Gschwind, E.: A Process Oriented Design Method for Three-dimensional CAD Systems. Mathematical Methods of Computer Aided Geometric Design, Tom Lyche and Larry L. Schumaker (eds.), Academic Press, New York, 1989, pp. 521-528

11. Roller, D.: A System for Interactive Variation Design. Geometric Modeling for Product Engineering, Proceedings of the 1988 IFIP/NSF Workshop on Geometric Modeling, M Wozny, J. Turner and K. Preiss (eds.), North Holland, 1989

12. Roller, D.: Design by Features: An Approach to High Level Shape Manipulations. Computers In Industry, North-Holland, Aug. 1989

13. Shah, J.J.: Feature Based Modeling Shell: Design and Implementation. Proceedings of the 1988 ASME International Computers in Engineering Conference and Exhibition. The American Society Of Mechanical Engineers, New York.

14. Woodwark, J.R: Some speculations on feature recognition. CAD, vol. 20, No. 4, May 1988

15. Woo, T.C.: Interfacing Solid Modeling to CAD and CAM: Data structures and Algorithms for Decomposing a Solid. Computer Integrated Manufacturing, ASME, New York, 1983

16. Yaramanoglu, N., Vosgerau, F.H.: Anwendungen von technischen Regeln auf Formelemente zur Produktmodellierung. VDI Berichte Nr. 700.3, 1988

Konzeption und Entwicklung
eines Graphischen Expertensystems

Klaus Zinser
Asea Brown Boveri AG
Forschungszentrum Heidelberg

ABB–CRH/L2
Postfach 101 332
D–6900 Heidelberg

Zusammenfassung

In diesem Beitrag werden die Erfahrungen und Resultate bei der Konzeption und Entwicklung eines graphischen Expertensystems beschrieben. Dieses graphische Expertensystem (GES) hat die Aufgabe, Operateure von technischen, dynamischen Systemen (z.B. Kraftwerke, Chemieanlagen, Kommunikationsnetzwerke) bei Überwachungsaufgaben und Prozeßbedienung durch kognitiv und ergonomisch geeignete Prozeßvisualisierung zu unterstützen. Das GES stellt einen Teilaspekt des Projekts GRADIENT (GRAphical Dialogue environmENT) dar, bei dem weitere Expertensysteme zur Prozeßdiagnose und Dialogunterstützung in einem integrierten Mensch–Maschine System entwickelt werden.

Einleitend werden Modelle zur Repräsentierung eines technischen Prozesses und des für Prozeßvisualisierung und Prozeßbedienung notwendigen Wissens vorgestellt. Es wird beschrieben, wie durch Transformation und Anreicherung dieser Repräsentierungen diese Information einem Expertensystem zur Verfügung gestellt werden können, und wie das Expertensystem damit arbeitet. Abschließend wird die Weiterführung dieser Konzepte in Richtung integrierte Mensch–Maschine Kommunikation vorgestellt.

Einleitung

Das Thema Verbesserung von und Rolle des Menschen in Überwachungs- und Leitsystemen komplexer technischer Anlagen wird gegenwärtig vermehrt von Wissenschaftlern und Praktikern verschiedener Arbeitsgebiete diskutiert. Im ESPRIT Projekt GRADIENT (**GRA**phical **DI**alogue **E**nvironm**ENT**) /1/ werden integrierte Systemkonzepte entwickelt, sowohl was intelligente Unterstützung bei Fehlererkennung und Diagnose betrifft als auch intelligent unterstützte und graphisch verbesserte Prozeßanzeigesysteme. Anhand eines Prototyps einer solchen Operateurschnittstelle für Kraftwerksleitwarten (MARGRET /2/) wurden verschiedene konzeptuelle Aspekte demonstriert und ausgewertet, unter besonderer Berücksichtigung neuer Methoden der Prozeßvisualisierung und Informationsaufbereitung. Einer der wesentlichen Fortschritte in der Bedienschnittstelle von GRADIENT besteht im Verzicht auf Einzelbilder, die nur durch vorgegebene Bedienhandlungen durch den Operateur anwählbar sind. An ihre Stelle tritt eine Bildstruktur, die dem Operateur freien Zugriff auf verschiedene Darstellungsarten in mehreren Detaillierungsgraden des Prozeßgeschehens erlaubt.

Diese Bildstruktur ist vorstellbar als eine Art Bildpyramide mit topologischen Beziehungen, die die verschiedenen Bildebenen definieren. Solche Bildebenen sind nicht im voraus definiert, sondern werden mit Hilfe eines Expertensystems dem Prozeßzustand gemäß generiert. Die Anforderungen, die sich hieraus an ein graphisches Expertensystem ergeben, werden detailliert erörtert werden.

Der Inhalt dieses Artikels konzentriert sich somit auf folgende Aspekte:

- hochstehende Daten- und Wissensrepräsentationstechniken für Anwendungen mit Expertensystemen

- die Anwendung von Techniken der künstlichen Intelligenz für Gestaltung von Mensch-Maschine Schnittstellen

- hinweisende Erläuterungen der zugrundeliegenden Wissenschaftsdisziplinen, besonders des 'kognitiven Ingenieurwesens' ('cognitive engineering').

Sowohl das Projekt GRADIENT als auch das hier gewählte Anwendungsbeispiel Kraftwerksleitwarten sollen nur exemplarisch der Konkretisierung der angesprochenen Ideen dienen. Andere Ansätze sind durchaus möglich, Anwendungen in industriellen Bereichen wie z.B. Chemieanlagen, Kommunikationsnetzwerken oder flexiblen Fertigungssystemen ebenso notwendig wie für Kraftwerke. Im Rahmen des GRADIENT Projekts entstanden jedoch am ABB Forschungszentrum Heidelberg (CRH) Prototypimplementierungen aus dem Bereich konventioneller Kraftwerke. Im folgenden wird daher auch die Bezeichnung 'Operateur-Prozeß-Schnittstelle' verwendet werden.

Der Einsatz von wissensbasierten Systemen ist selbstverständlich auch für Projektierungs- und Entwicklungsphasen solcher technischen Systeme unumgänglich, um unter anderem vollständige und konsistente Daten- und Wissensmodelle zu erhalten. Im Rahmen von GRADIENT wurde als integriertes Entwurfswerkzeug hierzu der Intelligente Graphische Editor (IGE) entwickelt, der selbstverständlich mit den Arbeiten am GES in enger Beziehung steht. Auf diese Thematik wird in /9/ vertieft eingegangen.

Wissensrepräsentation für Operateur-Prozeß Schnittstellen

Zwei der Hauptaspekte beim Entwurf von Operateur-Prozeß-Schnittstellen sind kognitive Modellierung von Aufgaben und Verhalten von Operateuren, und das Modellieren der Prozeß- und Systemstruktur des technischen Prozesses /5/ /6/ /10/. Moderne Prozeßbeobachtungs- und Leitsysteme sollen dem Operateur die richtige Information zum richtigen Zeitpunkt bereitstellen, jedoch einfachen Zugriff auf weitere Informationen ermöglichen. Dazu werden eine Reihe von intelligenten Einzelkomponenten benötigt /3/ /7/. In Bezug auf die Prozeßvisualisierung soll eine solche intelligente Komponente die Bildauswahl unterstützen und unter Maßgabe des Prozeßzustandes Informationen aufbereiten, zusammenstellen und Bilder spezifisch generieren.

Um ein solches Ziel zu erreichen, müssen die intelligenten Komponenten eines Prozeßbeobachtungs- und Bediensystems über eine mächtige und flexible Repräsentation des benötigten Wissens verfügen. Diese ist für die Anwendbarkeit und Nutzbarmachung sowohl während Entwurfsphasen eines technischen Prozesses, aber besonders während des Prozeßbetriebs unumgänglich und wird im folgenden beschrieben.

Wie schon zuvor erwähnt, umfaßt eine Operateur-Prozeß-Schnittstelle eine gewisse Menge von graphischen Prozeßdarstellungen und die Interaktion des Operateurs damit unter der Zielvorgabe, einen technischen Prozeß zu beobachten und zu bedienen. Jede Prozeßdarstellung dient somit einem bestimmten Zweck der Interaktion des Operateurs mit dem Prozeß. Oftmals wird auch eine Folge solcher Prozeßdarstellungen für eine bestimmte Aufgabe (z.B. im Rahmen einer Bediensequenz) benötigt. Anlagenkomponenten und Automatisierungsprogramme zum Beispiel müssen im Zusammenhang beobachtet werden, um einen bestimmten Prozeßzustand zu diagnostizieren. Verschiedene Abstraktionen der Darstellung sind notwendig, um eine Übereinstimmung des tatsächlichen Prozeßzustandes mit dem mentalen Abbild des Prozesses beim Operateur zu erreichen, so daß eine richtige Diagnose und ein richtiger Eingriff erfolgen kann.

Über diese Arten von Wissen muß ein intelligentes System zur Unterstützung der Prozeßvisualisierung verfügen. Bild 1 illustriert die verschiedenen Phasen der Transformation, Anreicherung und Verdichtung von Entwurfsdaten bis hin zur Struktur der Bildpyramide.

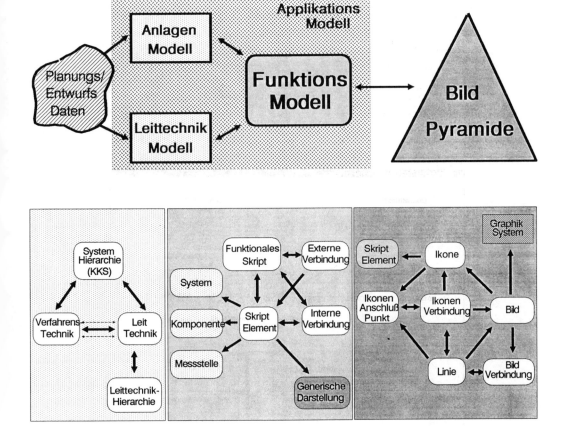

Bild 1: Transformation von Wissensdarstellungen

Allgemeine Planungsdaten werden zunächst strukturiert, indem verfahrenstechnische und leittechnische Beziehungen hergestellt und Systemhierarchie und Leittechnikhierarchie repräsentiert werden. Hiermit ist es dann zum Beispiel möglich, selbst auf komplexe Systemstrukturen interaktiv zuzugreifen oder sie einem Expertensystem als zugrundeliegende Wissensrepräsentation zum Beispiel auch für die Prozeßdiagnose zur Verfügung zu stellen. Bild 2 zeigt eine aus diesem Prozeßmodell gewonnene Darstellung vis-a-vis einer konventionellen Teilprozessdarstellung aus dem Speisewassersystem eines Kraftwerks.

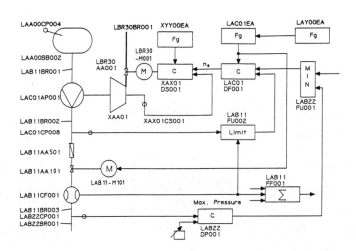

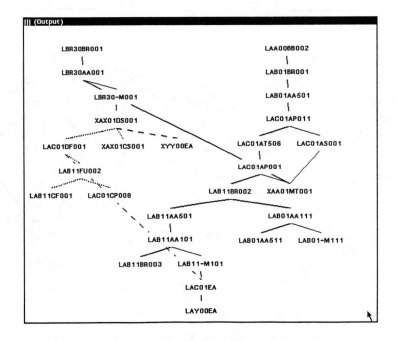

Bild 2: Prozeßschema konventionell dargestellt und aus dem Anlagenmodell generiert.

Dieses mehrdimensionale semantische Netzwerk bildet die Grundlage für die weiteren Dimensionen des Funktionsmodells, das eine deklarative Repräsentierung weiter benötigten Arten von Wissen (z.B. Bildinhalte und Bedienzwecke, Bedienhandlungen und Bediensequenzen, Bedienerpräferenzen und deren Anforderungen) erlaubt. Solches Wissen ist durchaus in der wissenschaftlichen Literatur und vor allem im Erfahrungsschatz von Operateuren vorhanden. Es muß jedoch einem Expertensystem in einer zusammen mit dem Prozeßmodell adäquaten Darstellungsform verfügbar gemacht werden. Das Funktionsmodell stellt eine solche Wissensrepräsentation in Form von Funktionalen Skripten bereit.

Auf die genaue Struktur und den Inhalt solcher Funktionalen Skripte kann im Rahmen dieses Beitrags nicht eingegangen werden. Mehr Informationen hierzu sind in /8/ zu finden. Im Rahmen von GRADIENT wurde ein sogenannter Skript Editor entwickelt, mit dem diese Wisssensrepräsentation einfach und interaktiv erstellt und gewartet werden kann.

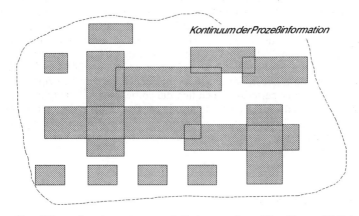

Traditioneller Ansatz: vordefinierte, singuläre Prozeßbilder

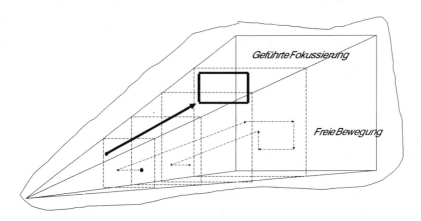

Neuer Ansatz: 'Bild-Pyramide' und Navigationsmöglichkeiten

Bild 3 : Das Konzept der Bildpyramide

Moderne Prozeßvisualisierung

Die dem Konzept 'Bildpyramide' zugrundeliegende Idee ist in Bild 3 noch einmal illustrativ dargestellt. Im Gegensatz zu einem konventionellen Satz von Einzelbildern, die der Operateur durch eine festgelegte Art der Interaktion direkt anwählt, erlaubt die Struktur und die Schnittstelle der Bildpyramide dem Operateur /2/ /4/ :

- sich frei im Informationsraum des Prozesses zu bewegen,

- eine intelligent unterstützte Aufschaltung und Generierung von Prozeßdarstellungen,

- den Zugriff auf weitere Informationen (z.B. auf Planungs– oder Betriebsdaten).

Zusätzlich zu den möglichen Strategien von Operateuren, Fehler aufgrund symptomatischer oder kausaler Zusammenhänge im Prozeßgeschehen zu erkennen und diagnostizieren, ermöglicht die Prozeßvisualisierung mit Hilfe der Bildpyramide, die Kenntnis topographischer Zusammenhänge des Prozesses auszunutzen, z.B., durch die Möglichkeit, den Fluß eines bestimmten Mediums (Wasser, Wärme, aber auch Kontrollinformation) zu verfolgen. Darüberhinaus können Operateure Abnormalitäten auch durch die 'zufällige' Beschäftigung mit Teilbereichen des Prozesses entdecken ('casual browsing'), was durch die Bildpyramide wesentlich erleichtert wird (z.B., durch 'panning' oder 'information zooming'). Durch die Unterstützung durch Expertensysteme kann die Aufmerksamkeit des Operateurs aber auch direkt auf einen meldungswürdigen Prozeßzustand gelenkt werden ('guided focusing'). Die Initiative soll hierbei jedoch immer beim Operateur liegen. Durch den Einsatz von Diagnose-Expertensystemen und die vornehmliche Benutzung graphischer Metaphern zur Störfallanzeige soll zudem eine intelligente Meldereduktion erreicht werden. Eine solche Art der Prozeß-Operateur-Schnittstelle unterstützt also die Prozeßbeobachtung, erhöht die Akzeptanz eines Prozeßbediensystems und damit die Sicherheit und Verfügbarkeit einer Gesamtanlage.

Das Graphische Expertensystem

Das graphische Expertensystem GES hat die Aufgabe, die Navigation in dieser Bildpyramide zu ermöglichen. Wie zuvor bereits erwähnt, besteht diese Bildpyramide nicht aus vordefinierten Bildern, sondern ist vielmehr eine Wissensrepräsentation von Bildinhalten und Bedienzwecken und den Beziehungen zwischen solchen Darstellungen. Dies bedeutet für die Anforderungen an das GES, die Wissensdarstellungen der Prozeßvisualisierung zu verwalten und daraus in Abhängigkeit des Prozeßzustands graphische Prozeßdarstellungen zu generieren. Desweiteren werden die folgenden Arten von Wissen für das GES benötigt:

- Bildentwurfskriterien
- ergonomische Spezifikationen und Anforderungen
- Standards und gesetzliche Bestimmungen

Für die Bildentwurfskriterien verfügt das GES über Heuristiken, die das Plazieren von Bildelementen bestimmen (z.B. wo und in welchem Abstand wichtige Prozeßkomponenten in der Graphik anzuordnen oder zu gruppieren sind), und die die Bildelemente gegebenenfalls durch Linien verbinden. Dafür ist es notwendig, aus der Struktur des Prozesses Informationen abzuleiten, zum Beispiel welche graphischen Symbole für Prozeßkomponenten oder Verbindungslinien zu verwenden sind, ob ein Prozeßstrang dargestellt werden soll oder ob ein Kreislauf eines bestimmten Materialfluß vorliegt. Solche Heuristiken gewährleisten eine konsistente Prozeßvisualisierung, was für den Operateur wichtig ist, um die Darstellungen leicht und problemlos interpretieren zu können. Zudem bestimmen diese Heuristiken, wo und in welcher Darstellung Prozeßmeßwerte zur Anzeige kommen sollen. Durch entsprechende Anordnung können Zahlen, Histogramme, Trendkurven, etc, optimal in das Bild integriert werden. Es kann somit also ein lokaler Aktionskontext geschaffen werden (Bild 4).

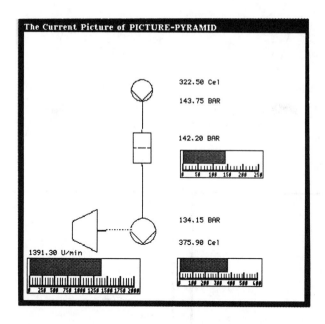

Bild 4: Darstellung eines Speisewasser-Förderstrangs

Die ergonomischen Anforderungen an moderne Prozeßvisualisierungssysteme werden ebenfalls durch Heuristiken des GES berücksichtigt. In erster Linie gehören hierzu die Auswahl und Grobstruktur von Information auf dem Bildschirm. Die Menge der Information muß optimiert sein auf die Anforderungen aus dem Prozeßgeschehen. Bild 5 zeigt beispielhaft (ohne Meßwerte) in Gegenüberstellung eine im voraus definierte Darstellung des Speisewassersystem in einer abstrahierten Form zum Gesamtüberblick für den Operateur, und eine prozeßspezifische Darstellung, bei der jedoch besonders das Speisewasser-Pumpensystem zugunsten der anderen dargestellten Systeme detailliert hervorgehoben ist. Bei dieser Darstellung wird dem Operateur zur wichtigen Information ein Prozeßkontext angeboten, ohne jedoch den Informationsgehalt zu überladen.

Weitere Spezifikationen für das GES ergeben sich zum Beispiel durch die Auswahl und Kombinationen von Meßwertdarstellungen und Farbgebung, soweit dies nicht auch durch gesetzliche Standardbestimmungen geregelt ist. Andere Standardregelungen betreffen zum Beispiel die Auswahl von Bildsymbolen (z.B. DIN 2481 für den Kraftwerksbereich) und Zeichensätzen.

Die Implementierung von Heuristiken eines graphischen Expertensystems kann auf verschiedene Arten erfolgen. Beim GES zum Beispiel wurden oftmals algorithmische Lösungen den rein regelbasierten Repräsentationen vorgezogen. Gerade die Anordnung und Verbindung von Bildelementen kann höhere Komplexitätsgrade annehmen, was in einem Operateurbediensystem wie GRADIENT negative Auswirkungen auf das Dialogverhalten haben kann. Aus der Graphentheorie sind eine ganze Reihe effizienter Verfahren bekannt, um solche Probleme zu lösen.

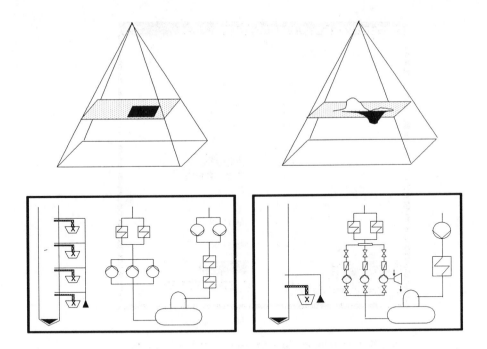

**Bild 5: Vordefinierte und anforderungsspezifische Darstellung
des abstrahierten Kraftwerksspeisewassersystems**

Ein weiterer Aspekt in der Konzeption graphischer Expertensysteme ist der Anschluß an ein tatsächliches Graphik-System, das die Darstellungen tatsächlich zur Anzeige bringt. Dies betrifft auch die Auswahl von Graphikstandards, und gegebenenfalls die Auswahl eines geeigneten Windowsystems und zusätzlicher, spezieller Graphik-Hardware. Das GRADIENT GES ist derzeit auf einer Symbolics Lisp-Maschine implementiert, die Prozeßvisualisierung selbst erfolgt auf einer SUN Workstation mit derzeit zwei Monitoren, die allerdings von einer einzigen Maus bedient werden können. Das GRADIENT GES implementiert eine Schnittstelle zwischen der abstrakten Repräsentation der Bildpyramide und diversen Graphiksystemen (z.B. GRADIENT-interne Entwicklungen und DataViews von Visual Intelligence). Die Kommunikation erfolgt über eine GRADIENT-spezifische Busarchitektur über Ethernet, und ein Kommunikationsprotokoll für verteilte Expertensysteme, das ebenfalls im Rahmen von GRADIENT entwickelt wurde.

Integrierte Mensch-Maschine Kommunikation

Bisher wurde für die Funktionalitäten eines graphischen Expertensystems lediglich die Prozeßvisualisierung mittels graphischer Darstellungen in Kombination mit verschiedenen Formen von Meßwertanzeigen erörtert. Selbstverständlich ist es eigentlich zunächst nur ein Hardware-technischer Gesichtspunkt, ein wie in diesem Beitrag vorgestelltes modernes Prozeßvisualisierungssystem bezüglich der Eingabe- und Ausgabefähigkeiten zu erweitern.

Die Operateur–Prozeß–Schnittstelle selbst könnte dann folgende Eigenschaften aufweisen:

- neuartige graphische Informationsdarstellung und Informationsinteraktion (z.b. objektorientierte Befehlsmenüs, Zustandsdiagramme und Zustandsdarstellungen, additiver und alternativer Informationszugriff /2/, parallele anstelle serieller Informationspräsentation /4/, Animation des Prozeßgeschehens)

- Arbeitsplätze mit hochauflösenden Mehrfachbildschirmen und Integration von Videobildern und der Möglichkeit zur Großbildprojektion (z.b. als Interaktions-/Diskussionsgrundlage bei funktionsübergreifender Kooperation und weitere multimediale Schnittstellen (z.b. Berücksichtigung von Sprache oder Geräuschen)

- neuartige Eingabegeräte (z.b. konfigurierbare Funktionstastaturen, fernsteuerbare Bildschirmpositionsgeber, natürlichsprachliche Kommandos)

Die Wissensrepräsentationen, über die das GES bereits verfügt, müssen demnach um zusätzliche Dimensionen erweitert werden. Eine solche Dimension stellt zum Beispiel die Möglichkeit dar, über einen speziellen Aspekt des Prozesses oder des Prozeßgeschehens Information in mehreren Medien zu erhalten (also ein Hypermedia System). Andere Arten von Wissen, z.b. kognitiv sinnvolle Kombinationsmöglichkeiten verschiedener Medien oder die Anwendbarkeit von Medien unter bestimmten Prozeßeinflüssen, oder das Kommunikationsverhalten und Gruppendynamik mehrerer Operateure, müssen für solche integrierte Mensch–Maschine Schnittstellen in das GRADIENT Funktionsmodell und in die GES Heuristiken integriert werden.

Je mächtiger und vielfältiger die Entwicklungen sowohl bei Geräten (Hardware) als auch bei Programmierung (Software) jedoch werden, desto mehr Bedeutung muß der Anpassung an die kognitiven Bedürfnisse und Fähigkeiten der Operateure gewidmet werden. Der Entwurf moderner Prozeßleitwarten wird daher immer komplexer und die Bedeutung des kognitiven Ingenieurwesens wird dementsprechend in der Zukunft noch zunehmen.

Zusammenfassung und Schlußfolgerungen

Die Möglichkeiten, die durch neue Generationen von Computern und Programmiertechniken (z.B. Expertensysteme) gegeben sind, werden nachhaltige Auswirkung auf Gestaltung, Ausstattung und Informationsdarstellung in modernen Prozeßleitwarten haben. Die Berücksichtigung der kognitiven Fähigkeiten des Menschen als Operateur im Umgang mit technischen Systemen wird umso wichtiger, je mehr sich seine Aufgaben von manuell–aktiven Routinearbeiten zu höherwertigeren informationstechnisch zu unterstützenden Beobachtungs– und Entscheidungstätigkeiten wandeln.

In diesem Artikel wurden Aspekte erwähnt, die beim Entwurf moderner Prozeßleitwarten zu berücksichtigen sind. Wissensrepräsentationstechniken und Systemkonzeptionen, die diese Aspekte integrieren, wurden vorgestellt und die Möglichkeiten ihrer Anwendungen aufgezeigt. Speziell Expertensysteme zur Erstellung und Präsentationsauswahl prozesszustandsspezifischer Information spielen hierbei eine zentrale Rolle. Es wurden Anforderungskriterien erörtert und die darauf basierenden Prototyp-Implementierungen eines solchen graphischen Expertensystems im Rahmen des Esprit GRADIENT Projektes vorgestellt.

Weitere Forschungs– und Entwicklungstätigkeiten werden unternommen, mit dem Ziel, den Umgang des Menschen mit technischen Systemen weiter zu verbessern. Als Beispiele hierzu wurden die erweiterten Möglichkeiten von integrierter Mensch-Maschine-Kommunikation unter Berücksichtigung weiterer Medien genannt, die ebenfalls durch die Fähigkeiten des vorgestellten graphischen Expertensystems erfüllt werden können.

Die Schlußfolgerung aus diesen Arbeiten ist eine positive Bewertung der Einsatzmöglichkeiten von KI Techniken zur Erstellung von komplexen graphischen Prozeßvisualisierungen unter Berücksichtigung von kognitiven und ergonomischen Aspekten. Nachdrücklich muß die Notwendigkeit und der Wert eines umfassenden und integrierten Daten- und Wissensmodells betont werden, ohne welches ein solches System nur schwer erfolgreich realisierbar wäre, des Autors Meinung nach eine 'conditio sine qua non' auch für den Themenkomplex graphische Expertensysteme, oder im allgemeinen "Graphik und KI".

Literatur

/1/ Alty,J., Elzer,P., Holst,O., Johannsen,G., Savory,S., Smart, G., (1985) "Literature and User Survey of Issues related to Man–Machine Interfaces for Supervisory Control Systems", ESPRIT 1985, Status Report on Continuing Work, North Holland.

/2/ Elzer,P., Borchers, H.W., Siebert,H., Weisang,C., Zinser,K., (1987) "MARGRET – A Prototype of an Intelligent Process Monitoring System", Proceedings of the 4th Annual ESPRIT Conference, 1987, North Holland.

/3/ Elzer,P., Borchers, H.W., Siebert,H., Zinser,K., (1988) "Expertensysteme und hochauflösende Graphik zur Unterstützung des Bedienpersonals in der Prozeßleittechnik" Prozeßrechensysteme '88, (GI/VDI–VDE–GMA/KfK) Technical Conference, Stuttgart, March 1988 Informatik Fachberichte, Band 167, Springer–Verlag.

/4/ Elzer,P., H.Siebert, K.Zinser (1988) "New Possibilities for the Presentation of Process Information in Industrial Control", Proceedings of the 3rd IFAC/IFIP /IEA/IFORS Conference on Man–Machine Systems. Analysis, Design and Evaluation. Oulu, Finland, 14– 16 June 1988, Pergamon Press.

/5/ Murphy,E.D., Mitchell,C.M., (1986) "Cognitive Attributes: Implications for Display Design in Supervisory Control Systems", Int. Journal of Man–Machine Studies, Band 25, 1988.

/6/ Rasmussen,J., Lind,M., (1982) "A Model of Human Decision Making in Complex Systems and its Use for the Design of System Control Strategies", Proceedings of the American Control conference ACC–82, Arlington, USA.

/7/ Rouse,W.B., (1986) "On the Value of Information in Systems Design: A Framework for Understanding and Aiding Designers", Information Processing and Management, Band 22, 1986.

/8/ Zinser,K. (1988) "Design Issues and Knowledge Representation for Modern Control Room Interfaces", Proceedings of the IFAC Workshop on Artificial Intelligence in Real–time Control, Swansea, UK, 21–23 September 1988.

/9/ Zinser,K., Elzer,P., (1989) "Computergestützte Entwurfs und Projektierungsphase", 19. GI Jahrestagung "Computergestützter Arbeitsplatz", M.Paul (Hrsg), Band 2, Springer Verlag.

/10/ Zinser,K., and R.L.Hennemann (1988) "Development and Evaluation of a Model of Human Performance in a Large Scale System", IEEE Transactions on Systems, Man, and Cybernetics, Band 18, Nr.3, 1988.

Objektorientierte implizite Roboterprogrammierung mit graphischer Arbeitszellensimulation

Eckhard Freund und Helmut Heck
Institut für Roboterforschung (IRF), Universität Dortmund
Postfach 50 05 00, D–4600 Dortmund 50

Zusammenfassung: Die Entwicklung des Roboterprogrammiersystems OSIRIS vereinigt aktuelle Forschungsschwerpunkte auf dem Gebiet der Roboterprogrammierung: die automatische Generierung von Roboterprogrammen (Aktionsplanung, implizite Programmierung) sowie ergonomische Mensch–Maschine–Schnittstellen (Graphikunterstützung bei der Programmierung, graphische Simulation von Roboterarbeitszellen). In diesem Beitrag werden Konzept und Entwurf von OSIRIS unter besonderer Berücksichtigung von objektorientierter Wissensrepräsentation (Umweltmodellierung) und graphischen Benutzungsoberflächen dargestellt.

1 Einleitung

Industriell eingesetzte Roboter werden in der Regel von Facharbeitern programmiert, die weder eine spezielle Ausbildung in Programmierung noch in Robotertechnik erfahren haben. Deshalb sollen die eingesetzten Programmiertechniken einfach erlernbar und anschaulich sein. Diese Anforderungen werden im wesentlichen durch die noch stark verbreiteten "On–Line–Lernverfahren" wie das "Teach–In" der anzufahrenden Bahnpunkte erfüllt — jedoch mit der Konsequenz, daß die Roboter während des Programmiervorgangs nicht am Produktionsprozeß beteiligt sein können.

Die alternativ entwickelten "Off–Line–Programmierverfahren", welche weitgehend unabhängig vom realen Robotersystem die einzelnen Aktionsfolgen des Roboters detailliert mit Hilfe von textuellen oder graphikorientierten Programmiersprachen beschreiben (explizite Programmierung), setzen aber beim Anwendungsprogrammierer weitreichende Kenntnisse sowohl über das einzusetzende Robotersystem als auch über Programmiermethodik voraus. In Abhängigkeit des Abstraktionsgrades der dabei verwendeten Sprache unterscheidet man zwischen Programmierung auf Achs– bzw. auf Roboterniveau (Bild 1).

Die beiden sich scheinbar widersprechenden Forderungen nach Einfachheit und Off–Line–Fähigkeit werden aber gleichzeitig erfüllt, wenn ein Programmiersystem Sprachmittel auf Objekt– oder Aufgabenniveau zur Verfügung stellt. Der Anwendungsprogrammierer kann sich ganz auf die

Beschreibung der Aufgabe konzentrieren. Die Umsetzung der Aufgabenbeschreibung in eine Sequenz von Roboterbefehlen geschieht automatisch unter Ausnutzung des im System vorhandenen "impliziten", d. h. während des Programmiervorganges verborgenen Wissens über den Roboter und seine Umwelt.

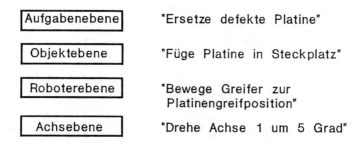

Bild 1: Abstraktionsniveaus der Off-Line-Programmierung

Die in Bild 1 dargestellten Abstraktionsniveaus der Programmiersprachen lassen sich wie folgt grob gegeneinander abgrenzen:

- Programmierung auf der Aufgabenebene erfordert weitreichende Aktionsplanung, d. h. vorausschauende Planung ganzer Bewegungsfolgen des Roboters durch das System. Der Programmierer braucht oft nur Anfangs- und Endzustand der Arbeitszelle zu beschreiben. Beispielhaft seien hier AUTOPASS [16], ASP [5] und APOM [15] erwähnt.

- Programmierung auf der Objektebene verlangt vom System lediglich die lokale Planung einzelner Roboterbewegungen (Bewegungsplanung). Meistens werden als Erfolgskontrolle für die Planung die Bewegungen graphisch simuliert, wie z. B. in AUTOFIX [22], [18], [20] oder [1], bevor sie anschließend von einem Postprozessor in Programme auf Roboterniveau kodiert werden. Im Gegensatz dazu geschieht die Planung in EXAMINER und in WISMO [19] unter Berücksichtigung von Sensorinformationen erst zur Ausführungszeit.

- Bei der Programmierung auf Roboter- oder Achsniveau werden der Roboter bzw. einzelne Roboterachsen direkt ("explizit") angesprochen [6]. Unterstützung findet der Programmierer dabei beispielsweise durch einen Struktureditor [7] oder durch graphische Simulation der Roboterbewegungen [10].

Einen guten Überblick über die Anwendungsmöglichkeiten von Computergraphik bei der Roboterprogrammierung gewährt [3].

Die Unterscheidung zwischen Anwendungs- und Systemprogrammierer ist bei der "impliziten Programmierung" deutlicher als bei der expliziten Programmierung. Während der Anwendungsprogrammierer ein Roboter-Laie sein darf, obliegt dem Systemprogrammierer allein die Aufgabe, das Umwelt– und Expertenwissen in das Programmiersystem – und damit auch indirekt in die später erzeugten Roboterprogramme – einzubringen.

Im folgenden wird das objektorientierte System zur impliziten Roboterprogrammierung und Simulation (OSIRIS) [9] vorgestellt. Es ermöglicht die Programmierung auf der Objektebene. OSIRIS basiert konsequent auf dem Objekt–Paradigma [2] und ist selbst in das Programmiersystem Smalltalk–80 [8] eingebettet.

Smalltalk–80 als Basissystem wurde auch in anderen Programmierunterstützungssystemen erfolgversprechend eingesetzt: in einem Aktionsplanungssystem (Aufgabenebene) [17], in einem Programmiersystem (Roboterebene) [14] und in einem Robotersimulationssystem [23]. Jedoch stellen diese Arbeiten bislang nur Insellösungen dar, die für sich gesehen keine intelligente Roboterprogrammierung ermöglichen.

2 Gesamtkonzept für ein aufgabenorientiertes Roboterprogrammiersystem

Ziel des aufgabenorientierten Roboterprogrammiersystems, das am IRF entwickelt wird, ist es, die Programmiertätigkeiten eines Roboteranwendungsprogrammierers stark zu unterstützen, – jedoch nicht zu zeigen, daß sich diese Tätigkeiten vollständig automatisieren lassen. So ist ein pragmatischer Ansatz gefordert, der die Interaktion des Programmierers zuläßt, um den Planungsprozeß zu vereinfachen und zu beschleunigen.

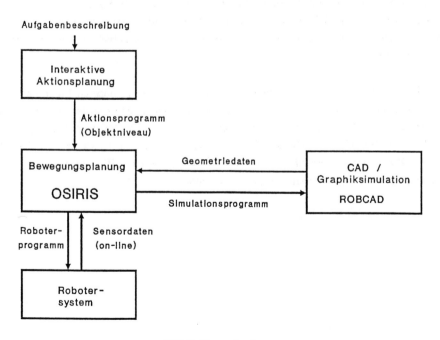

Bild 2: Gesamtsystem

Das gesamte Programmiersystem besteht aus drei Teilen (Bild 2):

- Der Aktionsplaner erzeugt Aktionsprogramme auf Objektniveau. Er arbeitet dreistufig und in der oberen Stufe interaktiv, um im Laufe des Planungsprozesses ggf. Informationen vom Anwender erfragen zu können. Die Aktionsprogramme sollen in gut lesbarer Form in Smalltalk—Syntax generiert werden, um dem Anwender Modifikationen zu ermöglichen. Sie stellen somit nur Vorschläge für die Eingabe in den untergeordneten Bewegungsplaner dar. Der Aktionsplaner befindet sich z. Zt. am IRF in der Konzeptionsphase.

- Der Bewegungsplaner OSIRIS plant für einzelne objektbezogene Aktionen die entsprechenden roboterbezogenen Bewegungssequenzen und generiert daraus explizite Roboterprogramme, die zunächst auf einem Graphiksystem simuliert werden, bevor sie über ein LAN zu einer Robotersteuerung übertragen werden. Wird OSIRIS im On—Line—Betrieb zusammen mit dem Robotersystem eingesetzt, so vermag es Sensordaten zur ständigen Aktualisierung seines internen Umweltmodells zu verarbeiten.
  OSIRIS ist bisher als funktionsfähiger Prototyp realisiert [13].

- Das CAD— und Graphiksimulationssystem ROBCAD von Tecnomatix erfüllt zwei Aufgaben: Einerseits ermöglicht es die geometrische Modellierung der Arbeitszelle, wobei Geometriedaten zur Initialisierung des Umweltmodells nach OSIRIS übertragen werden. Da ROBCAD eine parametrisierbare Robotersteuerung emuliert, kann andererseits die Ausführung erzeugter Bewegungsprogramme in Realzeit simuliert werden. Die dreidimensionale, farbige Animation läuft wahlweise in der Drahtmodell— oder Flächendarstellung ab. Sie kann an beliebiger Stelle unterbrochen werden. Die Wahl von Blickrichtung und Ausschnittsvergrößerung ist frei. Möglicherweise auftretende Kollisionen zwischen Arbeitszellenobjekten werden optisch und akustisch angezeigt.

Da die Programme für die Graphiksimulation in ROBCAD in der höheren Programmiersprache TDL (task description language) [21] formuliert werden, die einer expliziten, um einige Simulationsbefehle angereicherten Roboterprogrammiersprache entspricht, ist die Schnittstelle zwischen OSIRIS und ROBCAD im Hinblick auf die Bewegungsprogramme gleich der zwischen OSIRIS und einem Robotersystem. Folglich werden TDL—Programme in OSIRIS mit den gleichen Mechanismen erzeugt wie die ausführbaren Roboterprogramme.

Die strikte funktionale Trennung zwischen Aktionsplaner und OSIRIS bietet gewichtige Vorteile:

- Der Planungsprozeß ist mehrstufig und dadurch überschaubar.

- Während der Aktionsplaner im wesentlichen auf regelbasiertes und heuristisches Wissen zu-rückgreift, verwendet OSIRIS geometrisches/physikalisches Faktenwissen und prozedurales Wissen. Unterschiedliche Planungsmethodiken motivieren die Trennung der Wissensdarstel-lungen. Dennoch ist es denkbar, daß der Aktionsplaner zur Initialisierung auf das Umweltmo-dell von OSIRIS zugreift.

- Durch die textuelle, lesbare Darstellung der erzeugten Aktionsprogramme wird dem Anwender der Eingriff in den Planungsprozeß ermöglicht. Das vermeidet die Notwendigkeit einer Rück-kopplung von OSIRIS zum Aktionsplaner für den Fall, daß das Aktionsprogramm nicht aus-führbar ist. Die Folgen sind ein kürzerer Planungsprozeß und eine geringere Komplexität des Aktionsplanungssystems.

- OSIRIS kann auch ohne Aktionsplaner als Roboterprogrammiersystem eingesetzt werden, weil es eine komfortable Benutzungsoberfläche besitzt.

- Während der Aktionsplaner wegen seiner Planungsmethodik und der möglichen Benutzerinter-aktionen nicht realzeitfähig ist, wird bei OSIRIS auch der On–Line–Einsatz abgestrebt.

- Beide Systeme können unabhängig voneinander entwickelt bzw. weiterentwickelt werden.

Trotz der funktionalen Trennung ist es leicht möglich, beide Planungssysteme in eine gemeinsame Benutzungsumgebung zu integrieren.

3   Aufbau von OSIRIS

Grundprinzip der Arbeitsweise von OSIRIS ist die Simulation und Protokollierung aller Aktionen und Veränderungen von Arbeitszellenobjekten während der Programmausführung.

Das Umweltmodell (Bild 3) enthält die physikalische und funktionale Beschreibung der realen Objekte in der Roboterarbeitszelle und nimmt somit eine zentrale Stellung ein. Die logischen Objekte Bahnplaner, Kollisionserkenner, Greifpunktplaner und Koordinator werden von den realen Objekten des Umweltmodells implizit verwendet. Eine Ankopplung an externe Systeme (Robotersteuerungen oder Graphiksimulationssystem) wird über eine flexible Schnittstelle reali-siert, die ein Simulationsprotokoll in unterschiedlichen expliziten Programmiersprachen, z. Zt. IRDATA [4] und TDL, erzeugt.

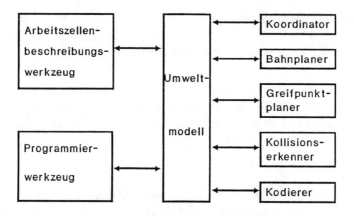

Bild 3: Aufbau von OSIRIS

Die Objekte des Umweltmodells, die logischen Objekte und die Schnittstelle zu externen Systemen bilden eine abstrakte Arbeitszelle, deren Aufgabe es ist, die verschiedenen Objekte zu Kommunikationszwecken bereitzustellen sowie deren Konsistenz zu überwachen.

Eine Voraussetzung für die Akzeptanz eines Programmiersystems ist eine einfache und komfortable Benutzungsoberfläche. OSIRIS stellt zwei mausgesteuerte, fensterorientierte Werkzeuge zur Arbeitszellenbeschreibung bzw. Programmerstellung zur Verfügung, welche die Standardwerkzeuge des Smalltalk–80–Systems (Debugger, Editor, Browser, Inspector) integrieren.

3.1 Wissensrepräsentation und Umweltmodellierung

Die Wissensrepräsentation hat in OSIRIS mehrere Anforderungen zu erfüllen:

- Es muß faktisches Wissen über die Eigenschaften der Umweltobjekte darstellbar sein.
- Es muß prozedurales Wissen über die Fähigkeiten der Umweltobjekte darstellbar sein.
- Da sich faktisches und prozedurales Wissen auf dieselben Objekte beziehen, sollten beide Wissensdarstellungen eng miteinander verknüpft sein.
- Faktisches und prozedurales Wissen sollen leicht abfragbar, überprüfbar, änderbar und erweiterbar sein.
- Das Wissen muß konsistent sein.

Diese Anforderungen erfüllt die Darstellung von faktischem und prozeduralem Wissen in Form von Objekten bzw. Objektklassen im Sinne der objektorientierten Programmierung [2]:

Faktisches Wissen wird durch Instanzvariablen, prozedurales Wissen durch Methoden in Klassen dargestellt. Beide Repräsentationen sind explizit und somit leicht abfragbar und veränderbar. Aufgrund der Vererbungsmechanismen ist eine leichte Erweiterbarkeit sichergestellt.

3.2 Die Umweltobjekte

Den in einer Roboterarbeitszelle anzutreffenden Objektarten entsprechen in OSIRIS die abstrakten Klassen *Robot, Effector, WorkPiece, Transporter, WorkMachine, DepositPlace, Sensor* und *ProtectedArea.* Sie bilden die Grundlage des Umweltmodells (Bild 4). Zur Integration konkreter Objekte definiert der Systemprogrammierer neue Unterklassen und implementiert hier die Methoden, die die speziellen Eigenschaften berücksichtigen. Die allgemeinen Eigenschaften und Funktionalitäten werden aus der abstrakten Klasse ererbt.

Stellvertretend für die abstrakten Klassen der Arbeitszellenobjekte wird im folgenden die Klasse *WorkPiece* dargestellt.

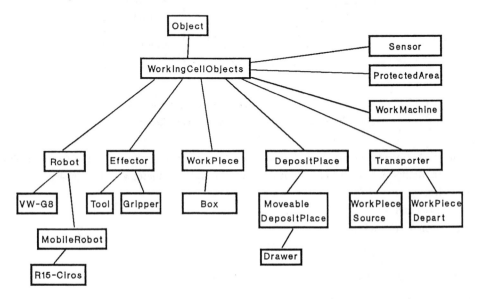

Bild 4: Klassenhierarchie des Umweltmodells

Die Klasse *WorkPiece*

Die Manipulation der Werkstücke ist das eigentliche Ziel der Roboterprogrammierung. Die Entscheidung, an wen die Befehle in einem objektorientierten Roboterprogramm gerichtet werden, legt die Kommunikationsstruktur innerhalb des Roboterprogrammiersystems fest.

Entweder sind die in der realen Welt aktiven Maschinen, Roboter, etc. die Empfänger von Nachrichten (Robotersicht) oder die manipulierten Werkstücke (Werkstücksicht).

OSIRIS verwirklicht die Werkstücksicht, d. h., ein Anwenderprogramm beschreibt nicht eine Folge von Roboteraktionen, sondern die gewünschten Werkstückmanipulationen. Dabei werden weder die ausführenden Roboter noch werkstückspezifische Besonderheiten explizit angegeben, da das Werkstück selbst in Abhängigkeit seiner Restriktionen angepaßte Methoden besitzt, die den von dem System ausgewählten Roboter entsprechend steuern (z. B. beim Greifen des Werkstücks eine bestimmte Kraft anzuwenden). Hierzu muß ein Werkstück die von einem Roboter und seinem Effektor ausführbaren Aktionen, also ihre Kommunikationsschnittstelle, kennen (Bild 5).

workPiece moveTo: aDepositPlace using: robot

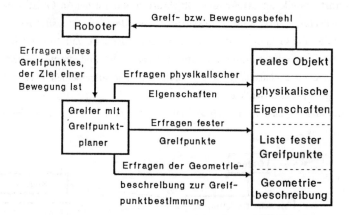

Bild 5: *Kommunikationsstruktur zwischen Objekten am Beispiel*
eines Bewegungsbefehls mit vorgegebenem Roboter

Die Funktionalität von Werkstücken ist durch die Menge der in der abstrakten Klasse *WorkPiece* definierten Methoden beschrieben, die sich folgenden Aufgabengebieten zuordnen lassen:

- Bewegen,
- Bearbeiten und
- Fügen von Werkstücken.

3.3 Die logischen Objekte

Die Aufgaben der logischen Objekte bestehen darin,

- Kollisionen anzuzeigen, die in den Zielpunkten von programmierten Werkstückbewegungen auftreten würden (Kollisionserkenner),
- Beschreibungen von kollisionsfreien Werkstückbahnen zu generieren (Bahnplaner),
- zu Werkstücken Greifpunkte für spezielle Effektoren zu berechnen (Greifpunktplaner),
- die Auswahl von Robotern für Werkstückmanipulationen zu treffen (Koordinator) sowie
- die gleichzeitige Arbeit mehrerer Roboter in einer Arbeitszelle zu organisieren (Koordinator).

Bei der Konzeption der abstrakten Klassen für den Bahnplaner, Kollisionserkenner und Koordinator sind insbesondere die Anforderungen nach Austauschbarkeit/Erweiterbarkeit und impliziter Verwendung berücksichtigt worden.

Eine Sonderstellung nehmen die Greifpunktplaner ein. Zu einer Arbeitszelle existiert nicht ein einzelner Greifpunktplaner, sondern jedem Greifer ist ein individueller zugeordnet, um die speziellen Eigenschaften dieses Greifers bei der Bestimmung von Greifpunkten zu berücksichtigen.

3.4 Die Benutzungsschnittstelle

Der Systemprogrammierer hat die Aufgabe, die bestehenden Klassen zu pflegen und zu erweitern oder neue Klassen für spezielle Anwendungen in das System einzubringen. Bei dieser Arbeit wird er durch die Standardwerkzeuge von Smalltalk–80 unterstützt, die eine flexible und schnelle Anpaßbarkeit von OSIRIS auf wechselnde Anforderungen ermöglichen.

Der Anwendungsprogrammierer wird durch ein Werkzeug zur Arbeitszellenbeschreibung bei folgenden Tätigkeiten unterstützt:
- Beschreibung neuer Arbeitszellenobjekte,
- Verwaltung von Objektbibliotheken,
- Erzeugung und Speicherung neuer Arbeitszellen,
- Positionieren von Objekten in einer Arbeitszelle (mit automatischen Plausibilitätskontrollen, wie z. B. Kollisionserkennung),
- Änderung oder Anpassung existierender Arbeitszellen.

Das Werkzeug zur Programmerstellung bietet Zugriff auf alle Komponenten einer beschriebenen Arbeitszelle (Bild 6). Pop–Up–Menüs stellen Hilfsfunktionen und Informationen zu den einzelnen Objekten bereit, um dem Programmierer das interaktive Anfragen des aktuellen Arbeitszellenzustands zu ermöglichen. Aus dem integrierten Editor werden die erstellten Programme gestartet, wobei in Fehlersituationen automatisch ein Debugger aufgerufen wird, der dem Programmierer im Quell–Text die Fehlerstelle aufzeigt.

Beide Werkzeuge sind in die homogene, graphikorientierte Fensteroberfläche von Smalltalk–80 eingebettet und entsprechen in ihrer Gestaltung und Benutzerführung den Standardwerkzeugen.

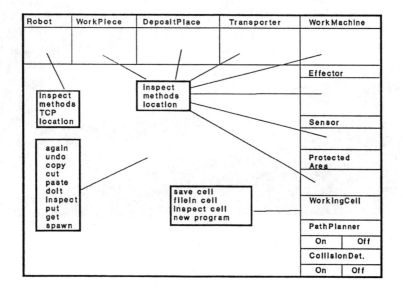

Bild 6: Programmierwerkzeug mit Pop–Up–Menues

Programmbeispiel

Bild 7 zeigt ein Mehrrobotersystem mit folgenden Objekten:

Roboter:	Manutec R15 auf einer Schiene: r15floor
	Manutec R15 als Portalroboter: r15ceiling
Effektoren:	Greifer: gripper0, gripper1, gripper2
Werkstücke:	Boxen in der mittleren Schublade: box1, box2
Ablagen:	Schubladen als bewegliche Ablagen: drawerLeft, drawerMiddle, drawerRight

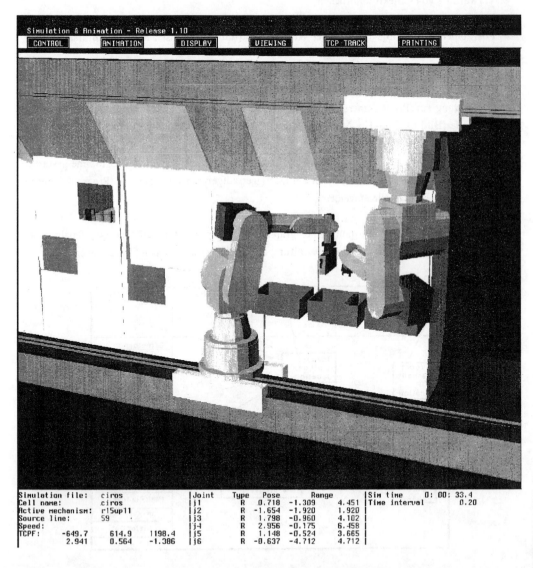

Bild 7: Mehrrobotersystem beim Experiment—Handling (CAD—Abbildung)

In Bild 8 ist das Programmierwerkzeug mit einem Anwenderprogramm zu sehen: Es sollen Boxen aus der mittleren Schublade in die linke bzw. in die rechte Schublade gebracht werden. Dazu muß jeder Roboter einen Greifer aus einem Wechselgreifersystem holen und am Roboterarm installieren, um die Schubladen und Boxen bewegen bzw. greifen zu können.

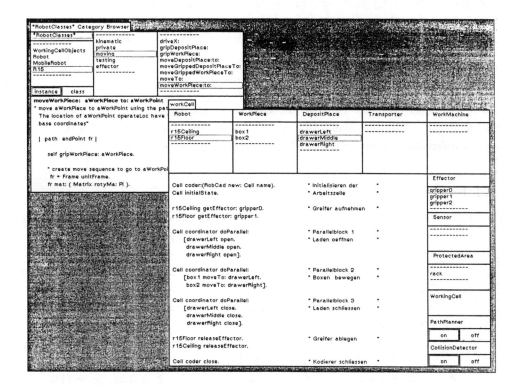

Bild 8: Programmierwerkzeug mit Arbeitszellenbelegung und Anwenderprogramm

3.5 Sensorik

Bei der Ausführung off-line erstellter Roboterprogramme ist der Einsatz von Sensoren unerläßlich, da die Geometriedaten im Umweltmodell in der Regel nicht mit den tatsächlichen geometrischen Verhältnissen in der Arbeitszelle übereinstimmen. Im Mikrobereich arbeitende Sensoren unterliegen der Kontrolle des Robotersteuerrechners und können im Programmiersystem durch entsprechende Anweisungen parametrisiert werden. Hingegen können Sensoren, die Einfluß auf den Programmablauf haben (visuelle Systeme, Lichtschranken usw.) nur im On-Line-Betrieb berücksichtigt werden.

4 Stand der Realisierung

Die Objektklassen des Umweltmodells sind im wesentlichen realisiert. Bahnplaner, Kollisionserkenner, Greifpunktplaner und Koordinator sind exemplarisch mit einfacher Funktionalität implementiert. Die Volumina der Objekte werden z. Zt. noch durch Quader approximiert. Die Einbindung einer bereits entwickelten universellen Koordinatentransformation [11,12] steht kurz bevor.

Das Programmierwerkzeug ist fertiggestellt; an der Realisierung des Werkzeugs zur Arbeitszellenbeschreibung wird gearbeitet.
OSIRIS wird auf einem PCS–Cadmus–Rechner und einem Compaq 80386 entwickelt.

5 Ausblick

OSIRIS stellt eine lauffähige Grundversion eines impliziten Roboterprogrammiersystems dar. Schwerpunkte der Weiterentwicklung sind der Bahnplaner, der Einsatz des Systems im On–Line–Betrieb mit dem Roboter sowie das übergeordnete Aufgabenplanungssystem.

6 Literatur

1. Bernhardt, R., Schahn, M., Schreck, G.: Knowledge Based Off–Line Programming of Industrial Robots. *Robot Control 1988* (SYROCO '88), Karlsruhe, 5.–7. Oktober, 48.1 – 9 (1988)

2. Cox, B. J.: *Object Oriented Programming – An Evolutionary Approach.* Addison–Wesley Reading/Mass. (1987)

3. Dai, F., Dillmann, R.: Computergraphik für die Roboterprogrammierung. *Informatik Forsch. Entw. 3,* 128–138 (1988)

4. *DIN–Norm 66313 fuer IRDATA,* Schnittstelle zwischen Programmiersystem und Robotersteuerung; Allgemeiner Aufbau, Satztypen und Übertragung (1989)

5. Frommherz, B.: Robot Action Planning. *Comp. in Mech. Eng.,* Nov./Dez., 30–36 (1987)

6. Geus, L.: *Konzepte fuer Robotersprachen – Ein Sprachentwurf.* Diss., Erlangen (1988)

7. Göhner, M., Schmidt, K.–H.: Einheitliche Programmierung von Industrierobotersystemen mit einem Struktureditor. *Robotersysteme 5,* 141–148 (1989)

8. Goldberg, A., Robson, D.: *Smalltalk–80 – The Language and its Implementation.* Addison–Wesley Reading/Mass. (1983)

9. Heck, H.: Implizite Roboterprogrammierung basierend auf dem Objekt–Paradigma. Vortrag, 11. Sitzung des A 5.5 "Steuerung und Regelung von Robotern" der VDI/VDE–GMA, Dortmund, 27. Sept. (1989)

10. Hornung, B., Huck, M.: Ein benutzerorientiertes Verfahren zur Erstellung von Roboterbewegungsprogrammen mit graphischer Visualisierung. *VDI Berichte 598 "Steuerung und Regelung von Robotern",* Langen, 12.–13. Mai, 381–393 (1986)

11. Köhler, K.: *Vergleich von numerischen Verfahren fuer die Koordinatentransformation bei Industrierobotern.* Studienarbeit, Inst. für Roboterforschung, Uni. Dortmund (1988)

12. Köhler, K.: *Entwurf und Implementierung einer universellen Koordinatentransformation fuer die Robotersimulation.* Diplomarbeit, Inst. für Roboterforschung, Uni. Dortmund (1989)

13. Kreft, K., Mauve, Chr.: *Untersuchung der Eignung von Smalltalk–80 als System zur Off–Line–Programmierung von Industrierobotern.* Diplomarbeit, Inst. für Roboterforschung, Uni. Dortmund (1989)

14. LaLonde, W. R., Thomas, D. A., Johnson, K.: Smalltalk as a Programming Language for Robotics ? *IEEE Workshop on Languages for Automation 3*, 1456–1461 (1987)

15. Levi, P.: *Planen fuer autonome Montageroboter.* Informatik–Fachberichte 191, Springer–Verlag Berlin (1988)

16. Lieberman, L. I., Wesley, M. A.: AUTOPASS: An Automatic Programming System for Computer Controlled Mechanical Assembly. *IBM J. Research and Development 21*, No. 4, 321–333 (1977)

17. Maimon, Oded Z., Fisher, Edward L.: An object–based representation method for a manufacturing cell controller. *Artificial Intelligence in Engineering 3*, No.1, 2–11 (1988)

18. Schütze, P.: *Kollisionskontrolle bei der Offline–Programmierung von Industrierobotern.* Diss., Aachen (1988)

19. Simon, W., Kegel, G.: WISMO – EXAMINER: Wissensbasierte Konzepte für fortschrittliche Robotersteuerungen. Vortrag, 11. Sitzung des A 5.5 "Steuerung und Regelung von Robotern" der VDI/VDE–GMA, Dortmund, 27. Sept. (1989)

20. Spandl, H.: (Aktuelle Arbeiten an der Universität Karlsruhe auf dem Gebiet der Roboterprogrammierung). Kurzvortrag, 11. Sitzung des A 5.5 "Steuerung und Regelung von Robotern" der VDI/VDE–GMA, Dortmund, 27. Sept. (1989)

21 TECNOMATIX: *ROBCAD TDL.* Reference Manual, Ver. 1.8 (1988)

22. Weck, M., Weeks, J.: AUTOFIX: A Task Level Robot Programming System for Automated Fixturing. *Robot Control 1988* (SYROCO '88), Karlsruhe, 5.–7. Oktober, 46.1 – 5 (1988)

23. Wolinski, F.: Modeling and Simulation of Robotic Systems Using the Smalltalk–80 Environment. *Technology of Object–Oriented Languages and Systems* (TOOLS '89), Paris, 13.–15. Nov. (1989)